«*Brilla, hermana, brilla* es un encantamiento, una iniciación, una invocación para que recuerdes la verdad de lo que eres. Siempre, en todas circunstancias y muy especialmente ahora mismo. Es una mezcla potente de historia femenina divina, memoria espiritual, poesía incandescente y poderosos mantras que te inspirarán para que despliegues la magia que albergas en tu interior. Esta obra ilumina el sagrado canto que resuena en todo momento en el alma, tanto para ti como para todas aquellas mujeres con las que nos encontramos: ¡Brilla, hermana, brilla!».

MEGGAN WATTERSON, autora de *Lo divino femenino*,
publicado por Gaia Ediciones

«Rebecca es un rayo de luz, un alma innovadora. Su don es evidente. Es un modelo para las mujeres y nos guía para que asumamos nuestro poder y despertemos nuestro auténtico yo».

LEANN RIMES, cantautora y ganadora de un Grammy

«Rebecca Campbell es una maestra espiritual y devocional con una gran base y una mensajera enviada para despertar y dar entrada a una nueva era. Su libro *Brilla, hermana, brilla* es un grito de guerra para las mujeres, para que recuerden su naturaleza intuitiva, den rienda suelta a su poder y dirijan desde lo femenino».

SONIA CHOQUETTE, autora del gran éxito de ventas
A la escucha de sus vibraciones

«Rebecca Campbell es una suma sacerdotisa moderna dirigida por la divinidad. Nunca he conocido a nadie que brillara como ella. Ha cultivado una hermandad sagrada en la que las mujeres encuentran el espacio necesario para penetrar en su poder ancestral de diosas hoy».

KYLE GRAY, autora de *Oraciones a los ángeles*

«Rebecca y todo lo que nos transmite es poético, está repleto de luz y ha sido alimentado por el alma. Es un modelo y una guía dirigida por el corazón para todas las que sabemos que ha llegado nuestro momento de levantarnos».

LISA LISTER, autora de *Bruja*

«*Brilla, hermana, brilla* es una carta de amor divina escrita en el momento perfecto. Brota directamente del corazón profundo y ancho de Rebecca y se entrega a las místicas femeninas actuales a través de su voz amable, veraz y auténtica. Es para mí un honor caminar por este sendero junto a ella, mi amiga, hermana y compañera mística, y estoy muy contenta de que tengas esta joya entre tus manos en este momento. Respira hondo, prepárate una taza de té y sumérgete en estas palabras y en el espacio que crearán en tu corazón».

HOLLIE HOLDEN, autora de *Notes on Living and Loving*

«Soy una gran admiradora de Rebecca Campbell... Guía a sus lectoras para que accedan a su auténtico poder y vivan y lideren así, según su potencial máximo».

GABRIELLE BERNSTEIN, autora del éxito de ventas *Milagros diarios,* de Gaia Ediciones

«En mi opinión, Rebecca Campbell pertenece a la nueva era de autoras de vanguardia que empoderan a las mujeres, y se la recordará junto a otras grandes como Erica Jong y Maya Angelou. *Brilla, hermana, brilla* será, dentro de cien años, una biblia muy querida de nuestra biblioteca».

NIKKI SLADE, cantante devocional y autora de *The Healing Power of Chanting*

«Todas las generaciones que acaban de llegar necesitan una voz nueva que las inspire, y eso es exactamente lo que ofrece Rebecca Campbell. Estoy encantada de constatar la presencia de un talento nuevo y joven a punto de desatar una tormenta que cambiará nuestra forma de pensar acerca de nuestro empoderamiento espiritual y nuestra espiritualidad».

MEL CARLILE, directora ejecutiva de Mind Body Spirit Festival

«Rebecca Campbell es una fuente de energía que nos empuja hacia el nuevo paradigma de amor y sanación. Es una fuerza de la feminidad que convoca a la verdad, el poder, la luz y la voz de todas las mujeres que entran en contacto con ella. *Brilla, hermana, brilla* va a encender sin lugar a dudas ese fuego interior capaz de cambiarnos a nosotras y, con ello, al mundo a través de las mujeres que abran sus páginas mágicas. Mis bendiciones a Rebecca por la luz que extiende sobre el planeta en esta época peligrosa. Jai Ma».

SARAH DURHAM WILSON, de Doitgirl

«Rebecca es una voz vibrante y auténtica en el emergente paisaje del auto-empoderamiento que se une sin esfuerzo a la voz numinosa del alma con una sabiduría "de la vida real" para las mujeres que se están alzando».

RUBY WARRINGTON, fundadora de Thenuminous.net

BRILLA, HERMANA, BRILLA

BRILLA, HERMANA, BRILLA

Libera tu mujer interior
indómita y sabia

Rebecca Campbell

ARKANO BOOKS

Título original: *Rise Sister Rise*

Traducción: Blanca González Villegas

© 2016, Rebecca Campbell
Publicado originalmente en 2016 por Hay House UK Ltd.

Publicado por acuerdo con Hay House UK Ltd., Watson House
The Sixth Floor, 54 Baker Street, Londres W1U 7BU, Reino Unido
www.hayhouseradio.com

De la presente edición en castellano:
© Arkano Books, 2018
Alquimia, 6 - 28933 Móstoles (Madrid) - España
Tels.: 91 614 53 46 - 91 614 58 49
www.alfaomega.es - E-mail: alfaomega@alfaomega.es

Primera edición: noviembre de 2019

Depósito legal: M. 33.572-2019
I.S.B.N.: 978-84-15292-97-5

Impreso en España por:
Artes Gráficas COFÁS, S.A. - Móstoles (Madrid)

Para mi madre, Julie,
la mujer más fuerte que conozco.

Para Angela Wood (1947-2016),
que me inició en mi camino espiritual.

ÍNDICE

PRIMERA PARTE
MI HISTORIA

SEGUNDA PARTE
EL NACIMIENTO DE UNA NUEVA ERA

TERCERA PARTE
RECORDANDO NUESTRA NATURALEZA CÍCLICA

CUARTA PARTE
DESATANDO A LA MUJER SABIA Y SALVAJE

QUINTA PARTE
REDEFINIR LA HERMANDAD
DE LAS MUJERES

SEXTA PARTE
HACIENDO EL TRABAJO

△

QUIERO QUE SEPAS

ESTE LIBRO NO PRETENDE que las mujeres se pongan por encima de los hombres. Su objetivo es recordar un tiempo en el que se consideraba sagrada a toda mujer. Nos habla del regreso de lo divino femenino y de cómo debemos levantarnos tal y como Ella haría. Estamos llamadas a aportar un equilibrio entre la energía femenina y la masculina en nuestro interior y en todo el mundo, pues ambas son sagradas y necesarias. Para que esto suceda, lo femenino sagrado que ha estado dormido y, en ocasiones, reprimido tiene que seguir levantándose. Y Ella se está levantando. ¿Puedes sentirla?

Soy consciente de que muchas de las personas que van a leer este libro son mujeres y por eso, por facilidad, voy a dirigirme a ellas y a hablar en femenino. De todas formas, quiero hacer hincapié en que el resurgir de lo femenino no es algo que se dé solamente en ellas, sino que está sucediendo en el interior de todas las cosas y de todas las personas. Cuando hablo de la importancia de la sororidad o hermandad de mujeres, veo también la importancia de la hermandad de los hombres, de lo masculino sagrado y de los hombres que son grandes protectores, defensores y amantes de lo divino femenino y de su trabajo en el mundo. Confío en que un chico asombroso estará escribiendo ese libro al mismo tiempo.

A lo largo de estas páginas encontrarás referencias a la Madre Tierra, a Ella, a la Vida, a la Fuente, a Dios, a la Diosa, al Padre, a la Madre, a la Gran Madre, al Dios Padre/Madre y al Universo. Es mi humilde intento por dar nombre a los grandes misterios y a las fuerzas indescriptibles de nuestro mundo y del más allá, una hazaña realmente imposible. Si no te identificas con estas palabras, te ruego que las sustituyas por otras hacia las que sientas más afinidad.

También encontrarás muchas referencias al «patriarcado». Este término, como el de «feminismo», conlleva una gran carga. Cuando lo menciono es para referirme a los últimos milenios en los que la sociedad fue conducida por unos cuantos poderosos de una forma muy lineal. Una era en la que la naturaleza sagrada, el poder y la sabiduría de lo femenino fueron olvidados, controlados, silenciados o enjaulados; cuando nuestra conexión con la Madre Tierra fue segada. Es importante no ver el patriarcado como «el otro». Al cambiar de una era a la siguiente debemos reconocer que hemos crecido en estos tiempos patriarcales y que, por eso, el objetivo no es condenar a los hombres, sino liberarnos y romper nuestras cadenas para unirnos.

Ahora que estamos empezando a salir de esta era patriarcal (que algunos denominan la era de Piscis), no creo que la solución sea que las energías matriarcales ocupen su lugar. Este libro es más bien una invitación a que la fuerza femenina intuitiva, compasiva, sabia, poderosa, sagrada, protectora e intensa que existe en el interior de todas nosotras se levante, y a que lo masculino sagrado proteja y apoye su resurgimiento y su trabajo sagrado, de manera que el planeta pueda recuperar el equilibrio. El hecho mismo de que tengas este libro entre tus manos es la prueba de que ya está sucediendo.

Puedes leer estas páginas de una sentada, un capítulo cada día o elegir una página al azar si lo que deseas es una orientación instantánea (como si se tratara de un mazo de cartas oráculo). Te recomiendo que lo hagas teniendo a mano bolígrafo y cuaderno para anotar los susurros del alma que lleguen a ti mientras recorres las páginas. Al final de muchos capítulos encontrarás apuntes de preguntas: no subestimes el poder de responderlas, pues albergas en tu interior una sabiduría ancestral que está esperando que la recuerdes, la escuches y la sigas. Estos llamamientos a la acción de *Brilla, hermana, brilla* han sido cuidadosamente diseñados para ayudarte a reclamar tu voz, liberar tu poder, abrir la cerradura de tu sabiduría, dar rienda suelta a tu verdadera naturaleza y alinearte con el flujo sagrado de la Vida en su conjunto. Dales todo el peso que merecen porque son tu mapa para levantarte.

Te rindo mis honores por exponerte a hacer este trabajo en este momento de su historia. Al unirnos abrimos las puertas de la sanación en la conciencia colectiva. Ojalá todos la sintamos. Creo en ti, en nosotras y en todo esto.

Brilla, hermana, brilla.

Rebecca

△

ESTÁ SUCEDIENDO

*B*RILLA, HERMANA, BRILLA es una llamada a actuar por lo que está despertando dentro de tantas de nosotras. Un recuerdo ancestral, dormido durante siglos, que está haciendo mucho más que empezar a removerse. Un esfuerzo consciente por acabar con la persecución que hemos heredado del patriarcado y que nos hemos estado infligiendo unas a otras.

Ha llegado el momento de despertar a una nueva era de hermandad entre las mujeres del planeta.

Una era en la que recuperemos el equilibrio entre lo femenino sagrado y lo masculino sagrado. En la que nos volvamos a conectar con la Madre Tierra, con la Madre Dios, con el ritmo de la tierra y con nuestros propios ritmos naturales. En la que saquemos nuestra valía de las profundidades de nuestro interior y dejemos de permitir que el mundo decida por nosotras. En la que nos guiemos por la intuición inteligente del corazón, en la que sepamos con convicción quiénes somos y vivamos nuestra vida en completa identificación con ello y a su servicio. En la que nos demos cuenta de que la única forma de sanar al mundo que nos rodea es sanándonos a nosotras mismas en primer lugar. En la que curemos el trauma que nos hemos infligido a nosotras y a nuestras hermanas. En la que sanemos el patriarcado que nos rodea y también el que reside dentro de nosotras. En la que nos elevemos las unas a las otras en lugar de derribarnos.

Brilla, hermana, brilla.

HERRAMIENTAS PARA TU RESURGIMIENTO

M I INTENCIÓN PARA *Brilla, hermana, brilla* ha sido siempre algo que abarcara más que estas páginas. A continuación encontrarás algunas formas de profundizar en tu experiencia y de conectarte con otras hermanas que se están levantando. Se trata de recursos en inglés:

www.RiseSisterRise.com
Entra en www.risesisterrise.com para encontrar las meditaciones, viajes y herramientas que se mencionan a lo largo del libro.

#RiseSisterRise
Con la etiqueta #RiseSisterRise, comparte la luz mientras lees (soy @rebeccathoughts).

Banda sonora de Spotify Rise Sister Rise
Escucha la lista de reproducción de *Brilla, hermana, brilla* mientras lees. La encontrarás en www.risesisterrise.com.

Únete a la hermandad de mujeres
Únete a la hermandad de mujeres para recibir meditaciones mensuales y acceso de socias al círculo privado de Facebook (en inglés), que está repleto de muchas hermanas que están resurgiendo. Hazlo en www.risesisterrise.com.

PRIMERA
PARTE

MI HISTORIA

Un viaje no lineal de recuerdos, liberación,
desencadenamiento y resurgimiento

△

LA LIBERACIÓN

Toda mi vida he sabido que en lo más profundo de mi ser había algo que anhelaba ser desvelado, liberado, expresado, desatado; algo que quería tener rienda suelta y ser libre. Una fuerza potente y un recuerdo ancestral destinado a tener voz. Durante décadas, esta idea me asustó y por eso dediqué gran parte de mi vida a mantenerla (a Ella) contenida. Controlada. Sumergida. Oculta.

A medida que fueron pasando los años, pude sentir cómo rebullía bajo la superficie de la vida que yo misma me había creado de forma consciente. Percibí cómo me hacía señas para que cediera el control, para que le permitiera hablar, para que la dejara vagar a su albedrío, en éxtasis y libre. En la naturaleza era donde más podía escucharla.

Sentí las vidas dedicadas a mantenerla atada, oculta y silenciada, dormida durante siglos. Era impredecible, inconveniente, incansable, inevitable y poderosa. Era el regreso y el resurgimiento de Ella.

Las páginas siguientes describen lo que viví para recordar, reclamar mi voz, liberar mi poder, desatar la sabiduría sagrada que albergaba en mi interior, rendirme a la naturaleza cíclica de la vida y ser sostenida por la Madre. Al igual que todo lo femenino, no será lineal. De todas maneras, y según he podido comprobar, el resurgimiento nunca lo es.

△

LAS MUJERES SABIAS

DESDE MUY JOVEN tuve una aguda conciencia de mi anhelo por todo lo relacionado con la transmisión de la sabiduría, y muy pronto empecé a coleccionar «mujeres sabias» mayores y a convertirlas en mis mejores amigas. Estaba hambrienta de sus enseñanzas y anhelaba sus historias de angustias y aventuras. Bebía todo aquello que sus experiencias podían enseñarme y que mis años todavía no me habían dado.

La primera fue Angela Wood, que perdió repentinamente a su hija cuando esta tenía tan solo quince años, la misma edad que yo tenía cuando la conocí. Luego vino Sheila Dickson, que vivía dos casas más abajo de la de mis padres y que tenía veintidós años más que yo. Y más tarde siguieron muchas más. Yo escuchaba durante horas sus historias de lo que significaba ser mujer y madre, de gratitud y entrega, de maternidad y edad adulta, de gran amor y pérdida, de vida, nacimiento y muerte. Me empapaba de ellas cuanto podía, sabiendo que estaba aprendiendo mucho más de lo que jamás me aportarían la escuela o la universidad. Era una alumna muy dispuesta y decidí que estaba comunicándome con mis propias maestras de Vida.

Cuando estaba con ellas, me sentía a mis anchas. Desaparecían la desconfianza, la incomodidad y la competitividad que me provocaban algunas personas de mi edad. Con mis mujeres sabias podía compartir mis sueños más profundos y mis mayores miedos. Podía mostrar todo mi ser sin ocultar nada. Podía descubrir y dar rienda suelta a mi naturaleza más auténtica sin tener que encasillarla. En mis conversaciones con estas mujeres fue cuando la voz de mi alma tuvo el valor suficiente para hablar.

En el autobús de camino a casa, escuchando música en mi *walkman* amarillo, veía pasar el mundo y soñaba con juntarlas a todas algún día, a todas aquellas asombrosas mujeres sabias que me habían guiado, y reunirlas en la misma habitación.

Mi madre era maravillosa porque aceptó sin problemas estas relaciones aparentemente tan raras. Era una mujer compasiva, distinguida, resuelta, abnegada y fuerte que supo por intuición que aquellas relaciones eran importantes para mí.

La primera vez que me dejó en casa de Angela, me llevó hasta la puerta y, sin que mediaran palabras, Angela supo al instante que mi madre me estaba entregando a ella mientras le decía, en silencio pero con energía: «Te confío a mi hija para que la cuides».

El año pasado, mi madre estuvo mirando su caja de los tesoros y sacó unas cartas viejas que había guardado (yo le escribía a menudo cuando me sentía enfadada o molesta para que mis palabras expresaran lo que mi voz era incapaz de decir). En una de ellas ponía:

Sé que no comprendes mi relación con Angela.
Yo tampoco.
Pero las dos tenemos que confiar en ella porque es importante.
Y en años venideros llegaremos a entender por qué.

Echando la vista atrás veo lo importante que fue esta relación para conformar el trabajo que hago hoy en día.

Tal y como sucedía en épocas ancestrales, en los días de la «tienda roja» (cuando una mujer era educada por una comunidad de mujeres y eso la enriquecía enormemente, *véase también página 154*), cuando recuerdo a estas mujeres —y a tantas otras que, junto con mi propia madre, desempeñaron un papel tan importante en mi crecimiento—, me siento muy honrada de que estuvieran ahí para guiarme y agradezco profundamente que mi madre fuera capaz de captar la importancia de aquello.

∆

UN BEBÉ EN EL TRABAJO

NACÍ CON CASI UN MES de adelanto, parecía estar impaciente por ponerme con lo que había venido a hacer. El día de mi nacimiento marcó también el primero de la nueva empresa de mi madre: era diseñadora de modas, tenía algunos premios a sus espaldas y trabajaba en casa con mi cunita al lado. Cuando consiguió su primer espacio industrial, mi cuna fue con ella.

Mi madre, al trabajar en una época en la que los bancos no tenían en cuenta los ingresos de las mujeres y no existía la baja de maternidad en el sector privado, fue una de las muchas mujeres que abrió camino a la siguiente generación. Iba por delante de sus tiempos, y lo mismo le pasaba a mi padre, un maestro de escuela que la apoyaba de todo corazón. Este tenía dos hermanos y se había criado en una familia en la que la madre lo hacía absolutamente todo, pero consiguió realizar unos progresos enormes en todo lo referente a la cocina, la limpieza y el cuidado de mi hermano y de mí.

Mi madre, una auténtica feminista de corazón, estaba convencida de que podía con todo: ser una madre increíble y tener un enorme éxito profesional poniendo siempre los intereses de todos los demás por delante de los suyos…, como hacen tantas mujeres. Cuando viajaba a otros Estados o a otros países, se quedaba levantada hasta altas horas de la madrugada preparando comida ecológica para bebés y sacándose la leche. Cuando yo decía mis oraciones antes de acostarme, me recordaba que podría hacer todo aquello que quisiera, pero solo si me esforzaba lo suficiente para lograrlo. Sé que la elegí por eso.

Recuerdo que siempre me sentí muy orgullosa de ella como mujer de negocios de éxito y, como la mayor parte de las hijas, me esforcé por imitarla. Siempre he sido muy empática, así que cuando mi madre me dejaba en el colegio, percibía cómo su éxito y sus increíbles trajes suponían un detonante para las otras madres, y cómo la presencia de estas desencadenaba en ella sentimientos de culpa y añoranza de pasar más tiempo con mi hermano y conmigo.

Era Virgo con ascendente en Virgo, decidida a dar lo mejor de sí misma en todo momento. En cada uno de mis cumpleaños yo llevaba pastelitos de miel y galletas de chocolate caseros para toda la clase. Mi madre pasaba la tarde anterior delante de la máquina de coser y, el día de mi cumpleaños por la mañana, siempre me regalaba un vestido maravilloso con otro en miniatura a juego para mi muñeca.

Todos los años hacía disfraces para el baile de Eisteddfod[1], unos trajes tan impresionantes y cuajados de lentejuelas que, si hubieran sido nominados para un premio Tony, seguro que lo habrían ganado. Sus esfuerzos por darnos en todo momento el ciento diez por ciento de su atención resultaban sumamente hermosos, pero también agotadores.

Siendo adolescente, se quedó embarazada y la recluyeron durante seis meses en un convento para «mujeres descarriadas» hasta que tuviera el bebé. Solo un puñado de personas lo sabía. Cuando nos habló de la decisión que tuvo que tomar, nos confesó que sabía que, al entregar a su bebé, estaba ofreciéndole la mejor oportunidad. Kylie, mi hermanastra, regresó a su vida veintiún años después, cuando yo tenía once, después de que sus padres adoptivos la ayudaran a encontrar a su madre biológica.

Cuando Kylie le pidió a mi madre que le hiciera su vestido de novia, ella se consagró a él durante meses. Todas las noches, después de un

---

[1] Festividad de origen galés. *(N. de la T.)*

largo día de trabajo, se armaba de aguja e hilo y se colocaba en la nariz dos pares de gafas de cerca para engarzar a mano miles de cuentas en el corpiño. Se volcó meticulosamente en el vestido casi como un esfuerzo por compensar lo que los años, los tiempos y la suerte no le habían permitido hacer.

△

EL DESPERTAR DE LA SHAKTI

Shakti es la energía de la consciencia,
La energía creativa divina que genera un cosmos entero.

MUKTANANDA

MI PRIMERA EXPERIENCIA del despertar de la Shakti Kundalini tuvo lugar en 1994, cuando tenía trece años. Una de mis profesoras del colegio organizó una clase de meditación a la hora de la comida. La idea me atrajo inmediatamente y me apunté.

Nos tumbábamos en el suelo y la profesora guiaba la meditación invitándonos a dejar que nuestro cuerpo se relajase. Tras permitir que mi cuerpo se fundiese y mi espíritu se conectara con la tierra y el Universo, sentí una energía poderosa y extática que ascendía por mi cuerpo desde la base de la columna vertebral y salía por mi cabeza. Jamás había experimentado nada que pudiera parecérsele ni remotamente, y me resultó muy incómodo. Era como si estuviera a punto de estallar. Yo había creído que meditar era algo así como estar tumbada en una cama esponjosa, parecida a una nube. Me temblaban las piernas y el cuerpo me daba sacudidas. Me asusté muchísimo.

Esa noche, después del colegio, se lo conté a mi madre: «Me sentía muy rara por dentro. Era como si tuviera una ola de miel y me dieran un choque eléctrico».

De la noche a la mañana, mis proyectos de arte y mis historias creativas dieron un vuelco y adquirieron un toque ancestral y espiritual. Me encontré buscando aquella cosa indescriptible, aquel conocimiento, aquel recuerdo, aquel anhelo profundo y aquella conexión con el significado sagrado oculto de la Vida. Al ser una escolar católica, recé a la Virgen María para que me ayudara a encontrarlo. Mis oraciones me condujeron a una librería espiritual que había cerca de mi casa, donde pasé horas y horas.

Para conseguir mi primer trabajo, mentí acerca de mi edad. Lo necesitaba para sufragar mi afición por los cristales. Ganando 3,13 dólares por hora no podía permitirme gran cosa, así que me limitaba a estar en la librería pasando las manos por los cubos de cristales y leyendo todo lo que podía sin comprar los libros.

Recuerdo que saqué de la estantería *Usted puede sanar su vida*, de Louise Hay, y en ese momento supe con absoluta certeza que yo estaba aquí para crear una obra, exactamente igual que los autores que llenaban la librería. Me vi a mí misma hablando en un escenario y compartiendo mis pensamientos, mis sentimientos y mi forma de ver las cosas con audiencias de todo el mundo. La idea me asustó y, al mismo tiempo, me entusiasmó.

Intenté llevar a la tienda a algunas de mis amigas para compartir con ellas mi despertar, pero ninguna pareció entenderme y me miraban como si estuviera loca. Aquello desencadenó en mí mucho miedo a verme apartada por mis creencias, de modo que, a esa tierna edad, tomé la decisión consciente de meterme en un armario espiritual y empecé a vivir una doble vida. Por el día era una adolescente normal y por la noche bebía con ansia todo lo que encontraba acerca del viaje del alma y de las tierras ancestrales. Anhelaba compartir esa parte de mi vida con personas de mi edad, así que de vez en cuando se la revelaba a los pocos que consideraba seguros. Y fue entonces cuando entraron en escena mis mujeres sabias, con las que podía expresar libremente mis pensamientos, mis puntos de vista y mis sentimientos.

△

IMRAMMA: ISLAS BRITÁNICAS

Imramma: Cruzar aguas profundas, el viaje prodigioso donde no sabemos adónde vamos, solo que estamos en camino hacia un lugar al que nuestra alma necesita ir.

Lucy Cavendish, *The Lost Lands*

CUANDO TERMINÉ EL INSTITUTO, retrasé la entrada a la universidad y cogí tres trabajos para ahorrar lo suficiente para ir al Reino Unido. No sabía por qué iba, solo que tenía que hacerlo y que tenía que ir yo sola. Después de tranquilizar a mis padres y de pedirles que no se estresaran, me subí al avión y, hasta que no aterricé, no me di cuenta de que no tenía ni idea de lo que estaba haciendo.

Me establecí en Dublín (Irlanda) y trabajé como niñera a jornada parcial para un pariente lejano. El tiempo libre lo pasaba peregrinando yo sola por los lugares sagrados de Irlanda, Inglaterra y Escocia.

En Newgrange se inició mi conexión con la luz. En las Highlands escocesas tuve mis primeras experiencias físicas del espíritu, que se revelan en mis fotografías. En la isla de Skye sentí la presencia del velo místico que separa dos mundos y percibí cómo se levantaba. En Londres descubrí la sensación que produce ser realmente anónima. En mis periplos por distintos pueblos, ciudades, lugares sagrados, círculos de piedra y cementerios reclamados por la naturaleza, no conseguía quitarme de encima la sensación de que estaba volviendo sobre mis pasos, recolectando recuerdos que mi alma había plantado. Algunos vinieron como visiones de vidas pasadas, otros como conocimientos o sensaciones familiares, como cuando recordamos un sueño justo después de despertar.

Volví a Sídney con un álbum de fotos repleto de imágenes de cruces celtas en cementerios cubiertos de hierbas, círculos de piedra megalíticos y espirales triples celtas, todos ellos símbolos y dibujos que le resultaban absolutamente familiares a mi alma. Yo estaba convencida de que se había encendido algo significativo y que algún día no muy lejano iba a volver.

Cinco años y cuatro vuelos más tarde, aterricé de nuevo en Londres con un grado universitario y toda mi vida a la espalda. Me dirigí a mi piso nuevo en Stockwell con un visado de trabajo en la mano y el corazón rebosante de esperanzas y miedos, dudas y sueños que llenaban mi cuerpo y mi mente. Tampoco en esta ocasión tenía idea de por qué estaba allí, pero sabía que tenía que estar. Había algo en esa tierra que me llamaba. Tardaría varios años en descubrir de qué se trataba.

$\triangle$

SALIR ADELANTE EN UN MUNDO
DE HOMBRES

Mi primer empleo como ayudante en el departamento creativo de una agencia de publicidad me pareció, en aquel momento, el mejor de mi vida…, como si *por fin* me estuviera dirigiendo hacia algún lado y pudiera empezar a aportar mis ideas únicas al mundo. Aunque consideraba que mi vida espiritual era de la máxima importancia, tomé la decisión de actuar de tapadillo en mi función de trabajadora de la luz. Elegí publicidad porque era consciente de la cantidad de anuncios con que nos bombardean a diario y pensé que podía poner en esos espacios un poco de energía buena en lugar de manipulación. Echando la vista atrás me doy cuenta de que, en realidad, estaba demasiado asustada para hacer el trabajo que hago hoy en día. Sin embargo, compruebo también que aquel trabajo fue un campo de entrenamiento maravilloso para mi labor actual.

El mundillo laboral era emocionante, extremadamente competitivo y agotador, con una fecha límite tras otra y nada de tiempo entremedias. Ahí fue donde aprendí a resistir y a luchar. A medida que fueron pasando los años, me forjé una carrera de éxito sojuzgando mi naturaleza empática y sacando a relucir mis reservas masculinas para salir adelante en un mundo de hombres. Recuerdo que tomé la decisión consciente de cambiar mi conducta e incluso mi forma de vestir para que me tomaran en serio, como a uno de los chicos.

Sentía escalofríos cuando mis colegas masculinos mayores que yo se disculpaban por soltar tacos «en presencia de una dama», así que yo aporté mi propio lenguaje en un esfuerzo por parecerme más a ellos. Me obligué a trabajar una cantidad absurda de horas (muchísimas más que mis compañeros) en un intento por demostrar lo que valía y no parecer «débil». Aplasté mi poder femenino, mis sensibilidades y mi sabiduría intuitiva innata para poder ascender por la escala lineal. Ignoré los ritmos naturales de mi cuerpo en favor de la resistencia.

Los fines de semana los dedicaba a recuperarme y a intentar desesperadamente rellenar mi pozo a tiempo para volver a hacer lo mismo el lunes por la mañana. Me encontraba en un estado constante de sobrecarga adrenal y me mantenía en marcha durante el día a base de cubos de café americano solo, y, por las tardes, con una buena copa de vino tinto. En mi tiempo libre me entrenaba en artes intuitivas y curativas, y me asombraba lo mucho que aquello me recargaba de energía y me iluminaba.

No respetaba mi ciclo mensual y me mantenía en pie gracias a una dieta de analgésicos potentes y viajes a los lavabos de discapacitados donde, algunos meses, me tumbaba en posición fetal cuando los dolores me resultaban insoportables. Estaba demasiado comprometida con la idea de ser «la que trabaja duro», «la soldado entregada», «la corredora de resistencia», «la chica buena que jamás se queja», y siempre encontraba la forma de seguir adelante. De resistir y metamorfosearme para abrirme camino en la vida.

Medía mis aportaciones de forma lineal, así que me quedaba muchas veces la última en la oficina, convencida de que esfuerzo equivalía a resultado. Cuando me preguntaban qué tal estaba, solía responder algo como «superocupada» o «agotada, he estado trabajando un montón de horas», como si estar muy solicitada y estresada fuera lo que definía mi valía. Mi ego se sentía muy importante, pero tenía el alma completamente cuarteada.

Conseguí alcanzar mi gran objetivo de convertirme en directora creativa de una agencia de publicidad londinense antes de cumplir los treinta años. Nadie me obligó a hacerlo, lo había elegido yo para encajar en un sistema que no se ajustaba a mi alma. Era imprescindible hacer un cambio.

Dos amigas y yo escuchamos sus susurros e hicimos el equipaje para emprender un peregrinaje sagrado de Estambul a El Cairo a través de Turquía, Siria, Jordania y Egipto. Cuando facturamos las mochilas, no teníamos ni idea de que nuestras vidas iban a cambiar para siempre.

△

IMRAMMA: PETRA

ESTÁ OSCURO. NO VEO más que un par de metros delante de mí. Estoy cruzando el desierto de Jordania por un camino tortuoso alumbrado con velas. Cada pocos minutos saco la cámara para hacer una fotografía con el propósito de capturar toda la emoción que estoy sintiendo. El *flash* ilumina las formaciones rocosas que se ciernen sobre mí y me permite vislumbrar grabados ancestrales. Bajo la vista a la pantalla de la cámara y descubro que todas las fotografías están llenas de un mar de esferas, lo que es una confirmación muy reconfortante de que estoy de verdad en el lugar más memorable que mi cuerpo humano haya hollado. Voy recordando con cada paso que doy. Mi alma está bebiéndolo todo.

Es el año 2010 y estoy en la antigua ciudad de Petra. Después de una hora, el camino se abre y entro en una roca de color de rosa tallada como un útero lleno de un mar de velitas. Mi mirada enfoca las ruinas de la antigua biblioteca que se encuentra ante mí y mi alma percibe la sensación de que por fin está en casa. Había visitado este lugar en sueños en multitud de ocasiones sin saber siquiera que existía de verdad. Cada vez que imaginaba los Registros Akásicos[2] en mis sesiones intuitivas o en mis viajes personales, este era el lugar al que acudía con el ojo de la mente.

---

[2] Los Registros Akásicos son la colección de conocimientos místicos almacenados en el plano no físico de existencia: los éteres. *Akasha* es una palabra sánscrita que significa 'cielo', 'espacio' o 'éter'. Se conocen también como el Libro de la Vida y son un registro de todo lo que ha sido, es y será: pasado, presente y futuro.

Regresé al día siguiente, con luz, para reandar bajo un inmenso cielo azul lo recorrido la noche anterior, para recordar y rezar en sus frescas cuevas excavadas por los vientos del tiempo. Con cada respiración, las vidas pasadas en esta tierra inundaban mi corazón. Hilos largo tiempo olvidados del tapiz que se va tejiendo a cada nuevo momento. Viejos poemas grabados en mi corazón me fueron susurrados mientras mi alma estiraba los hilos que unían los mundos. Tenía la sensación de que llevaba varias vidas viajando para llegar aquí, y, tal y como sucede en los espacios sagrados que nuestra alma conoce mejor que nuestra mente, algo se activó en las profundidades ancestrales de mi ser. Una semilla plantada hacía mucho tiempo se germinó por fin. Había llegado el momento.

△

IMRAMMA: WADI RUM

ALLÍ, TUMBADA EN EL LECHO seco y ancestral del océano que ahora es un desierto tan vasto como cualquiera, todavía podía escuchar al mar susurrándome historias de tiempos y formas cambiantes bajo un dosel formado por las estrellas más brillantes que mis ojos habían visto jamás. Con el oído pegado a la tierra, se mostró a mi corazón lo que mi alma había venido aquí a recordar: el mar de mujeres que habían hollado este camino y todas las que seguirán viniendo. Una fuerza sagrada de hermandad femenina que teje su medicina y su luz en todos los rincones de la tierra, unidas por un luminoso hilo rojo que unía un corazón con otro. Cerré los ojos y seguí recordando y despertando mientras me dejaba llevar por el sueño.

△

EL DESMORONAMIENTO

AL REGRESAR A LONDRES después de mi peregrinación por los luga-res sagrados, supe que mi vida no podía seguir siendo como antes. Percibía la llegada del desmoronamiento.

Llevaba más de quince años encerrada en mi armario espiritual y me sentía más atrapada que nunca. Por muchos maestros con los que me formara y por muchas cualificaciones que recibiera, seguía sin sentirme preparada para asumir el trabajo que mi alma me estaba llamando a hacer, y todo por culpa de un miedo indescriptible a que me persiguieran por mis creencias.

Cuanto más me aferraba a la vida que había creado conscientemente, más difícil me resultaba que no se viniera abajo. Y, poco tiempo después, eso fue justo lo que empezó a suceder. Kali, la compasiva, la Madre Negra, apareció con su espada para cortar todas aquellas partes de mi vida que no se alineaban con la persona que yo había venido a ser. Mi relación de diez años se terminó, una de mis mejores amigas murió de repente y, luego, otra más, y cuando me mudé a un piso nuevo descubrí que también este se estaba desmoronando.

Caí de rodillas. Mi ego, al fin, rogó clemencia y pidió a mi alma que dirigiera mi vida. Me comprometí a responder a la llamada de lo real y empecé la empresa seria de alinear mi vida con mi alma. Fue como desnu-darme para revelar mi auténtico yo a los que me rodeaban. Establecí un compromiso con mi práctica espiritual y con compartir sus susurros como una guerrera antigua en formación. Me sentía más asustada y viva que nunca.

△

EL DESPERTAR DE LA SHAKTI II

Una vez desvelada la Shakti, el yoga interior empieza a producirse
de forma espontánea. Este yoga sucede por sí mismo;
no tienes que hacerlo.

MUKTANANDA

TRAS DOS AÑOS DE PRÁCTICA espiritual no negociable consistente en aprovisionamiento de luz (*véase página 328*) y sacudir el cuerpo, una mañana me desperté sintiéndome extremadamente feliz y observé que tenía convulsiones. Era como sufrir una especie de crisis epiléptica, pero muy agradable, casi diría que extática. Acudí al médico y me sometí a todo tipo de pruebas: mi salud era perfecta.

Algunas noches me despertaba con sacudidas de todo el cuerpo y con los dientes castañeteando a una velocidad increíble que ni siquiera podía intentar recrear. Le conté mis experiencias a una de mis profesoras, quien me informó que eran efectos secundarios del comienzo del despertar de la Kundalini Shakti.

En el trabajo, sentada ante mi mesa, una de mis piernas o mi cuerpo empezaban a dar sacudidas por sí solos. En un par de ocasiones, estando en una reunión, noté cómo mi cuello se agitaba e intenté contenerlo para no parecer una vieja loca ni dar la impresión de que me había quedado dormida en mitad de una frase. A veces me abrumaba un aluvión de una especie de energía sexual extática y sentía cómo todo mi cuerpo se calentaba físicamente. Todo ello era el resultado de que mi serpiente Shakti se estaba desenroscando y empezaba a ascender.

En ocasiones se me disparaba desde la cabeza hasta los pies: era como si me recargara como una batería y me limpiara de algún modo. Otras veces era más cálido y fluido, como un néctar dulce que se entrelazara con todos mis chakras y me abriera el corazón. Tenía la sensación de que los cielos y la tierra se estaban conectando a través de mi cuerpo.

Empecé a tener visiones y sueños de vidas pasadas. En ocasiones, en mis vidas anteriores como sanadora, sacerdotisa, mística, poeta y bruja, me habían perseguido por alzar la voz y confiar en mi sabiduría y mi poder innatos. Esos tiempos ardientes en los que muchas de nosotras fuimos silenciadas y matadas por hablar, por compartir nuestra sabiduría y por representar nuestro poder femenino. Por adorar a las estaciones, por comprender nuestra habilidad natural para curar, por compartir nuestra medicina y por honrar a la tierra.

Fue como si aquellos recuerdos ancestrales hubieran estado encerrados y el despertar de la Shakti hubiera abierto la puerta de una cripta cuidadosamente sellada. Resultaba desagradable y liberador. Al fin comprendí por qué me asustaba tanto compartir mi voz y asumir mi papel de escritora espiritual, sanadora y maestra; por qué, a pesar de estar convencida de que eso era lo que había venido a hacer, seguía vacilando.

En estos pocos meses del despertar de mi Shakti, entraba y salía de periodos de normalidad, pasaba del trauma de procesar vidas pasadas a la euforia más total. Empecé a ver geometría sagrada y cómo todo está conectado; era como observar el proyecto de la Vida en su conjunto. Me sentía como Dorothy entrando en un país nuevo en el que todo estaba de pronto en tecnicolor.

Miraba el pétalo de una flor y comprendía cómo estaba conectado con el todo. Me sentaba en la bañera y entraba en las complejidades de una burbuja, casi como si fuera capaz de metamorfosearme yo misma en ella. A veces pasaba una hora y yo tenía la sensación de que había sido un minuto. Otras veces pasaba un minuto y a mí me parecía una hora. El tiempo se volvió elástico.

Caminaba junto a un árbol y sentía cómo este me susurraba directamente al corazón. Tumbada sobre la tierra percibía su pulso y recibía la energía que surgía desde abajo y me recargaba. Me sentía una con todo el planeta, mi energía estaba conectada con la Shakti del Universo entero, como un río grande o un océano de Vida. Yo no poseía a la Shakti, más bien le permitía simplemente fluir a través de mí. Me sentía más viva que nunca.

Al cabo de unos pocos meses, el castañeteo de dientes y las sacudidas espontáneas empezaron a calmarse. Sin embargo, aquello me había cambiado para siempre, una fuerza había recordado y despertado en mi interior y, ahora que estaba despierta, no iba a volverse a dormir. Pero yo tardaría un tiempo en encontrar las palabras capaces de describir este periodo de mi vida.

Prometí responder a las llamadas de mi alma y del Universo sin importar el sentido que tuvieran ni lo que me asustaran. Empecé a compartir mis escritos y a dar clases a grupos. En mis paseos matutinos oía los susurros de la Madre Tierra, tal y como me había sucedido siendo niña. Estos susurros se convirtieron en mi primer libro, *Light is the New Black*. Fluía con ella y ella fluía conmigo.

Un año más tarde, cuando conocí al que hoy es mi marido, Craig, experimenté mi tercer despertar de la Shakti espoleado por la unión de las energías sagradas masculina y femenina. Pero eso es otra historia (y quizá otro libro).

△

IMRAMMA: SANTA FE

L A FECHA DE PUBLICACIÓN de mi primer libro, *Light is the New Black*, se aproximaba a gran velocidad y mis instintos de huida estaban por las nubes. En tres semanas tenía que plantarme en el escenario ante más de quinientas personas en mi primera gran actuación como oradora.

Me encontraba en Santa Fe, de pie delante de mi entrenador de voz, Gail Larsen, y cuatro compañeros. Había ido para afrontar mi miedo a hablar ante otras personas. Aunque me había sentido cómoda compartiendo mis escritos, la idea de estar de pie en un escenario delante de tanta gente me ponía muy nerviosa.

Llevaba tres años impartiendo talleres, pero, a pesar de ello, había una parte de mí que no podía quitarse de encima la sensación irracional de que me iban a matar por lo que quería decir. No existía ningún motivo racional que respaldase este temor, pero ahí estaba.

Desde el momento en que aterricé en Santa Fe, sentí un nudo del tamaño de un pomelo en el centro de la garganta. Hiciera lo que hiciese no podía tragarlo, aliviarlo ni obligarlo a bajar. Animada por la obsidiana negra que tenía bajo los pies, sentí que el viejo patrón que me forzaba a guardarme mi voz estaba a punto de explotar. Luché por contener las lágrimas y el bulto cítrico, que ahora parecía haber desarrollado unos bordes cortantes como cuchillas de afeitar, y me esforcé por pasar la mañana sin hablar en absoluto.

Justo antes de la pausa para comer, me dijeron que me colocara de pie delante del grupo y diera un discurso de quince minutos. No tuve ni treinta segundos para prepararme. La videocámara estaba grabando. Todos los ojos estaban clavados en mí. ¿De verdad había elegido estar allí por mi propia voluntad?

Decidí que, si podía tener un superpoder, este tenía que ser el teletransporte.

Me animaron a que me limitara a compartir las emociones que me estaban atravesando en ese momento. Con una voz titubeante y a la defensiva, afirmé que eso era precisamente lo que me daba miedo.

Respiré hondo y pronto descubrí que esa sensación que había estado conteniendo era un sorprendente batiburrillo de dolor y rabia. Con sollozos entrecortados, confesé:

—Estoy absolutamente furiosa en este momento con Dios o con la Diosa. Ni siquiera puedo empezar... De verdad, ¿por qué el trabajo que tengo que hacer aquí implica precisamente aquello que más miedo me da?

»¿Cómo puedo animar a otras personas a compartir la voz de su alma cuando yo me siento petrificada por tener que hacerlo? ¿Por qué es este mi mensaje? Es muy injusto. ¿Por qué no puedo tener un mensaje relacionado con el estilo, la salud, la creatividad o, francamente, con cualquier cosa menos esto?

Tras lo que me pareció una eternidad, los sollozos fueron dando paso a otra cosa..., un sonido extraño para mis oídos pero familiar para mi alma. Ella me habló con cadencia, claridad, sabiduría y convicción.

Y tenía mucho que decir.

△

LIBERAR MI VOZ

En el momento en que descubrí el cántico religioso, fue como si hubiera vuelto a casa. Durante los primeros meses en que lo practiqué de forma regular, lloraba casi todos los días. No eran lágrimas de tristeza, sino de alegría por haberme reunido otra vez conmigo misma (el yo), por haber regresado a casa. Por fin estaba permitiendo cantar a la voz de mi alma. El cántico me llenaba como un dulce néctar y, cada vez que lo practicaba, era como si no fuera yo la que cantaba, sino, más bien, la que era cantada.

Me compré un armonio (un instrumento musical indio muy burdo y poco sexi que produce los sonidos que más hacen rugir al corazón) y empecé a tocarlo a diario como parte de mi práctica espiritual. Una por una empezaron a entrar en mi vida mujeres conectadas con este tipo de cántico, y, cuando lo hicieron, se apagó una lucecita dentro de mí como para decir: «Bing, bing, bing, esto sí, sigue a esto».

Siguiendo el hilo dorado que había sido tejido ante mí, empecé a trabajar con mi maestra y amiga Nikki Slade para liberar de verdad mi voz de todas las vidas de traumas en el alma que había descubierto a través del despertar de mi Shakti. Mediante el poder de la vibración de mi voz pude recordarlo, encarnarlo, darle voz y liberarlo todo. Vidas de rabia, dolor, agonía, tristeza, pérdida, traición, culpabilidad y desesperanza no expresadas fueron finalmente liberadas a través del poder de mi voz.

Uno por uno empezaron a llegarme clientes con traumas similares en el alma procedentes de épocas de persecución: brujas, sanadores, sumas sacerdotisas, comadronas, maestras, curanderas, videntes, templarios y adivinas de tiempos pasados. Todos con un conocimiento del trabajo que habían regresado para hacer y con un miedo muy arraigado de no estar a la altura. Juntos emprendíamos el viaje y recuperábamos todas las piezas. Renunciar a votos de silencio realizados en épocas en las que era la única forma de sobrevivir. Ser testigos del dolor y el sufrimiento que implicaba vivir en esos tiempos. Ser perseguidos por compartir su verdad, su medicina y sus dones con el mundo. Por trabajar con las estaciones y considerar sagradas a todas las personas.

A medida que iban llegando más y más clientes a mi puerta con los mismos síntomas, empecé a observar un patrón común: muchos de nosotros experimentábamos una sensación de urgencia por ponernos en pie, por salir de nuestros armarios espirituales, por realinear nuestras vidas y por hacer este trabajo hacia el año 2012, aquel en el que termina el calendario maya y entra una nueva era, algo que analizaré con más detalle en páginas siguientes (*véase página 77).*

Fue como si en ese tiempo algo cambiara. En el final de una era y el comienzo de otra, el voto femenino de silencio fue levantado. En el momento justo, cada una de nosotras salió de su escondite intuyendo que por fin resultaba seguro dejar que nos vieran plenamente y levantarnos una vez más.

△

YA NO ES SOSTENIBLE

*L*IGHT IS THE NEW BLACK ya estaba por fin en las librerías y, después de llevar tanto tiempo en el armario espiritual, sentía que tenía que darle todo para compensar el tiempo perdido.

Aunque había escrito el libro y me había creado una vida completamente nueva rindiéndome al flujo misterioso de Ella, no tenía ni idea de cómo integrar esta nueva forma de ser con la gestión de mi negocio. Yo era una joven de carrera que había aprendido a moverme en un mundo de hombres, así que volví a las viejas formas patriarcales de resistir, forzar y luchar. De ser la trabajadora, la soldado diligente, la buena chica. Utilicé la presión, y no el placer, como fuerza impulsora. Puse mi servicio a los demás por delante del servicio a mí misma.

Mis sesiones con los clientes se reservaban con tres, cuatro, cinco y seis meses de antelación. Seguía prometiéndome a mí misma que ya me ocuparía de rellenar mi pozo interior cuando las cosas se calmaran; sin embargo, los días se convirtieron en semanas, y las semanas, en meses.

El tiempo que pasaba en la naturaleza quedó racionado a viajes al parque más cercano que ni siquiera rozaban lo que mi alma anhelaba realmente. Empecé a abordar mi práctica espiritual de devoción diaria con una sensación de obligación. Fue algo muy sutil, pero cada decisión que tomaba me alejaba más y más del ritmo del yo, y, con ello, del de Ella y del de la Vida.

Cada vez que daba un paso hacia mi vieja forma de ser, me resistía a dejarme sostener por la fuerza misteriosa que no solo me nutría, sino que era también la responsable del flujo sin esfuerzo de la Vida en su conjunto. Actuaba desde una postura de presión y resistencia y no me dejaba sostener por la Madre y por la Vida.

Ella/el Universo empezó a enviarme mensajes. Cada vez que me sentaba para hacer una sesión con un cliente o una entrevista, los obreros que trabajaban a dos puertas de distancia empezaban a taladrar. Resulta bastante difícil sintonizarse con la energía sutil del alma si tienes el ruido agudo de las máquinas bramando a tu alrededor.

Sabía que estaba aquí para crear la obra de una vida, no de una estación, pero a este ritmo iba a ser imposible. Tenía que haber otra forma de hacerlo…

Un viernes por la mañana me desperté sollozando por uno de esos sueños que parecen absolutamente reales. En él, tenía una niñita. Todo el mundo estaba asombrado porque no lloraba nunca. Sin embargo, como no lloraba, estuvo toda una semana sin recibir ningún alimento. Con un terrible remordimiento por no haber cuidado bien de ella, la cogí en mis brazos y la acerqué a mi pecho, la alimenté y la acuné mimándola y haciendo todo lo que estaba en mis manos para que me recibiera. Bajé los ojos para contemplar a aquella niña tan preciosa y ella me miró con tanto amor que reconocí que su alma era la mía. Luego se transformó en la de mi madre.

Transida por la profunda tristeza de aquel sueño, pasé una hora sin moverme, haciendo todo lo posible por aferrarme a la importancia de aquel mensaje y enviando amor a mi madre.

Cuando me levanté, miré mi teléfono y descubrí un mensaje de mi padre en el que me pedía que llamara a casa. Al sentir la energía que traslucía, supe que no eran buenas noticias.

Mi madre tenía cáncer de mama. Mi padre no debía haberme llamado porque ella no quería que nadie lo supiera (su hermana pequeña también padecía cáncer y tenía fecha para una operación en la que le iban a extirpar la vesícula) ni se preocupara. Mi padre me sugirió que la llamara y que le dijera que había soñado con ella y que quería comprobar que estaba bien. Entonces le conté mi sueño y le confesé que no tendría que mentir.

Al analizar el significado metafísico del cáncer de mama, descubrí que está relacionado con una negativa a alimentarte a ti misma y con la capacidad de recibir..., exactamente igual que en mi sueño. Como la mayoría de las mujeres que conozco, mi madre se entrega por completo y pone siempre las necesidades de todos los demás por delante de las suyas. Vi que yo estaba haciendo lo mismo en mi trabajo. Al igual que la bebé de mi sueño, y que tantas otras mujeres, mi madre y yo nos habíamos estado negando a nosotras mismas el alimento que necesitábamos.

Un lunes por la mañana, en el momento en que empezaban los taladros de la semana, caí de rodillas y recé a la Madre para que me mostrara el camino. E inmediatamente recibí una respuesta: «Reduce a la mitad tus horas de trabajo, duplica la devoción y acude a los jardines de Chalice Well, en Glastonbury».

Sé reconocer los mensajes de un guía cuando los oigo, así que un cuarto de hora más tarde mi sobrecargada agenda estaba despejada y había reservado el billete de autobús y la habitación azul ángel de mi casa de huéspedes favorita de Wellhouse Lane, en las afueras de Glastonbury[3].

El día antes de salir, mi amiga Jayne me presentó a Madeline Giles, que había venido de Estados Unidos. En el momento en que se cruzaron nuestras miradas, supe que había encontrado a una hermana Magdalena.

Incapaz de hallar las palabras adecuadas, Madeline y yo nos limitamos a mirarnos la una a la otra mientras sonreíamos y nos reíamos con nerviosismo. Cuando le dije lo mucho que me decepcionaba el hecho de que mi inminente viaje a Glastonbury implicara que no fuéramos a po-

---

[3] Glastonbury es un pueblecito de Somerset, un condado del Reino Unido. Es un lugar sagrado en el que el velo que separa los mundos es más fino que en otras partes. Allí se unen las líneas ley Miguel y María de la tierra. De forma similar a lo que sucede en los puntos meridianos del planeta, muchos de los lugares sagrados antiguos, los círculos de piedra, los templos y las iglesias de todo el mundo se construyeron en estas líneas ley para aprovechar la poderosa energía femenina de la tierra (Shakti) que discurre debajo de ellas. Avalon es una tierra ancestral situada entre los mundos y se cree que Glastonbury fue el emplazamiento de una de sus principales comunidades.

der pasar más tiempo juntas en Londres, ella me reveló el propósito de su viaje al Reino Unido: recorrer los lugares sagrados de Glastonbury con la maestra kundalini Guru Jagat.

Hicimos planes para reunirnos a tomar el té por la tarde.

Ya me sentía como si estuviera en otro mundo.

$\triangle$

EL REGRESO A AVALON

T RES DÍAS MÁS TARDE me encontré tumbada, formando una estrella, en un arriate de narcisos de los jardines de Chalice Well. Mi bienestar interior se estaba reabasteciendo con el sonido del burbujeo eterno de los manantiales rojos.

Dejé que la tierra sostuviera todo el peso de mi cuerpo porque eso me alimentaba de un modo que yo no habría sido capaz de conseguir por mí misma. Mi corazón empezó a equilibrarse con el latido de Ella.

Rendida en sus brazos, mi alma lo absorbió todo. Sostenida por la Shakti que corría por las líneas ley sagradas que se tendían debajo de mí, podía sentir cómo la energía femenina de la tierra empezaba a girar en espiral a mi alrededor, como un néctar que repone los lugares más desnutridos, conectando todos y cada uno de mis chakras.

Con el paso de las horas, mi alma reseca fue saciada, mi dureza se suavizó, mi fragilidad se hizo fértil y la presión cedió el paso al placer.

Al día siguiente empecé a oírla susurrar de nuevo, tal y como me había sucedido en mi primera visita a Glastonbury. Me rendí ante aquel plan más grande que yo, cogí un bolígrafo y empecé a escribir el título y el boceto de este libro. Y en todo momento me sentí abrumada por lo mucho que se me facilita la Vida cuando me rindo a su abrazo.

En los márgenes anoté varios lugares sagrados del Reino Unido a los que me sentí llamada para el libro (y por mi propio placer), incluida la cueva de Merlín, Nectan's Glen, Avebury y los círculos de los cultivos de Wiltshire (que, según había descubierto, era el hogar de algunos de mis antepasados).

Allí, tumbada en los jardines de Chalice Well, pensé en Madeline y no pude quitarme de encima la sensación de que quizá yo tenía que participar en el viaje sagrado para el que ella había acudido. Dejé la decisión en manos del Universo y declaré: «De acuerdo, Universo, si tengo que participar en ese viaje, organízamelo y rápido».

De vuelta a la casa de huéspedes, mientras ponía mis cánticos religiosos preferidos y me preparaba para darme un baño, llamaron a la puerta. Abrí y encontré allí de pie a una yogui vestida de blanco llamada Ra Ma Kaur, quien me preguntaba si había ido para el viaje sagrado con Guru Jagat que empezaba al día siguiente.

Me reí con incredulidad y respondí:

—Creo que sí.

Y luego le conté lo que acababa de delegar en manos del Universo. Entonces ella sacó su teléfono para mandar un mensaje a Shabadpreet, la organizadora, y medio minuto más tarde ya estaba apuntada.

Al día siguiente me uní a un grupo de treinta yoguis con turbante para empezar a cantar mientras recorríamos los lugares sagrados del Reino Unido. Me volví a quedar boquiabierta al descubrir que aquel viaje no solo iba a Glastonbury, como yo había creído, sino también a Cornualles para visitar Saint Nectan's Glen, la cueva de Merlín en Avebury, y... espera..., ¡también los círculos de los cultivos!

Mi viaje de rejuvenecimiento se estaba transformando rápidamente en una aventura mágica de once días que me iba a cambiar la vida porque no dejaba de ampliarla.

Pasamos días enteros rezando, cantando y conectándonos con la sabiduría de algunos de los lugares más sagrados del planeta. Cantando mientras el sol salía por encima del Tor, tumbada en las líneas ley de Miguel y María y enviando mi luz a los rincones de la tierra, meditando en mitad de las piedras sagradas de Avebury, rindiendo nuestras creaciones a la diosa de Saint Nectan's Glen (donde, según sugiere la leyenda, los caballeros templarios acudían para ser bendecidos por la suma sacerdotisa antes y después de las batallas) y, lo más significativo de todo, la cueva de Merlín...

△

LA CUEVA DE MERLÍN

CUANDO ENTRÉ EN LA CUEVA, el corazón empezó a palpitarme y sentí escalofríos por todo el cuerpo. Al instante supe que mi alma había estado allí antes. Mientras me adentraba en aquel dramático retiro de roca, saqué el móvil para hacer una fotografía. Miré la pantalla y vi la forma en el centro de la foto. Me adentré más en la cueva y se lo mostré a Madeline. Con estupor, ella me respondió:

—¡A mí me pasa lo mismo!

Al comparar los dos móviles nos dimos cuenta de que en ambos aparecía una forma similar al contorno de un hombre que avanzaba hacia nosotras.

Nos miramos y algo dentro de nosotras supo que nos habían unido para este momento. Con nuestras botas de goma hasta la rodilla, vadeamos las aguas oscuras y heladas y un mar de piedras puntiagudas hasta el otro lado de la cueva, donde se unían el cielo y el océano.

Las olas enfurecidas que rompían a nuestros pies hacían imposible no sentir el poder de los elementos unidos en una fuerza potente. Trepamos a una roca plana situada encima de nosotras, unimos nuestras manos y empezamos a meditar juntas.

Poco después de cerrar los ojos experimenté, en el ojo de la mente, una visión de nosotras: formábamos parte de un grupo de sacerdotisas iniciadas que estaban terminando su formación. Ante nosotras se encontraban Merlín y otra mujer. Madeline, las otras iniciadas y yo nos vimos sobrecogidas por un sentimiento de miedo y de inquietud ante la idea de salir al mundo. Sabíamos que, después de este día, dejaríamos atrás la burbuja protectora de nuestros guías y de nuestras hermanas para aventurarnos de nuevo en el mundo en una época de gran confusión.

La energía de Merlín era muy intensa y enérgica mientras nos hablaba de una forma que, tanto entonces como hoy, resultaba muy apropiada.

> Ha llegado el momento de que salgáis al mundo y compartáis lo que habéis aprendido, lo que os hemos enseñado, lo que habéis venido a hacer. No es la hora de acobardarse, sino de levantarse. No es la hora de tener la mente en las nubes, sino de reclamar vuestra potencia, enraizar vuestra luz y dirigir con convicción. De hacer lo que os hemos enseñado a hacer. De hacer el trabajo que nacisteis para hacer. De dirigir, dirigir, dirigir.

Luego me miró como si se estuviera dirigiendo a la persona que soy en la actualidad y dijo:

> Ya han pasado los tiempos del fuego. El tiempo de hacer este trabajo sola o a escondidas ha llegado a su fin. Ya no tienes que seguir escondiéndote.
>
> Esta es la era para la que hemos estado trabajando. Cálmate, ponte de pie, levántate y dirige. Todas las vidas que llevas formándote tenían como objetivo el hoy. Muchos te sostienen. Invócalos a ellos y a todo lo que te han enseñado a lo largo de las épocas, porque todo ha sido para este momento exacto. Da un paso al frente y dirige, dirige, dirige.

Y, de repente, desapareció.

Abrí los ojos y comprobé que estaba sollozando. Madeline me apretó la mano y descubrí que ella estaba igual que yo. Al contarnos la una a la otra lo que nos había sucedido, descubrimos que habíamos tenido la misma experiencia.

Al salir de la cueva, mostramos nuestras fotografías al resto del grupo, que también habían estado haciéndolas al mismo tiempo. La figura de luz solo aparecía en las de Madeline y en las mías.

RITUAL DE WHITE SPRINGS

CRAIG Y YO NOS CASAMOS en diciembre en Australia y, en la antesala de la boda, sentí un profundo anhelo de honrar la transición que estaba a punto de hacer: cruzar el umbral para entrar en el estado de mujer. Mi amiga y coordinadora editorial Amy Kiberd me preguntó si tenía intención de hacer una despedida de soltera en el Reino Unido antes de irme y le confesé que la había estado evitando porque lo que realmente me apetecía era un ritual íntimo. Amy sugirió entonces que ella podía encargarse de organizarlo, así que yo le respondí que ¡SÍ!

Un mes más tarde, Amy, Hollie Holden, Lisa Lister y yo nos metimos en el coche de Hollie y nos dirigimos a Glastonbury para celebrar al día siguiente un ritual en White Springs.

Llegamos a una casa de huéspedes muy antigua donde se supone que José de Arimatea[4] recalaba a menudo en sus viajes a la isla de Avalon.

Nos recibió un joven corpulento ataviado con pantalones de montar blancos muy ajustados, y todas nos esforzamos por contener la risa de adolescentes que nos dio mientras nos guiaba (a cuatro mujeres adultas) a la habitación familiar que habíamos elegido para... ¡una fiesta de pijamas!

---

[4] Según cuenta la leyenda, José de Arimatea era el tío de la Virgen María y, por tanto, el tío abuelo de Jesús. Se dice que viajó a Bretaña con Jesús de joven y que, tras la Crucifixión, llevó el santo grial a Glastonbury y estableció allí la primera iglesia cristiana.

Abrimos la puerta y descubrimos un cuarto donde todo tenía flores: colchas con flores, paredes empapeladas con flores, sillas con flores, almohadones con flores, dos camas sencillas con flores y un dosel con flores sobre la cama doble más pequeña del mundo donde Amy y Lisa acabarían durmiendo esa noche.

Bajo el dosel floreado, muy apropiado para una fiesta de pijamas, Amy sacó un surtido *gourmet* de aperitivos y champán. El comienzo perfecto para lo que se iba a convertir en una «hermandad espiritual de mujeres para una fiesta de pijamas», consistente en una combinación espectacular de comida estupenda, compañía consciente y ritual.

A la mañana siguiente nos sentamos en círculo. Adornadas con deseos manuscritos, bendiciones y regalos simbólicos, nos pasamos un huevo rojo (símbolo de mi útero y de mi capacidad como mujer para crear tanto dentro como fuera de mi cuerpo) al que íbamos susurrándole deseos.

Me pidieron que compartiera mi intención para el ritual: tomar mi poder como mujer, desprenderme de todas aquellas cosas que ya no tenía por qué seguir transportando y romper la cadena para entrar en el matrimonio como una mujer «una en sí misma». Hollie, Lisa y Amy me escucharon con enorme atención. Jamás me había sentido tan apoyada y escuchada.

Me colocaron una corona de flores en la cabeza y me explicaron en qué iba a consistir el ritual. Aquellas mujeres increíbles iban a arroparme y a poner su intención más elevada para que yo pudiera reclamar todas las piezas perdidas de mi poder y mi voz como mujer mientras yo me movía entre ellas y atravesaba todas las fases del estado de mujer. Amy, Hollie y Lisa iban a encarnar cada uno de los arquetipos de la Diosa Triple: Amy como la Doncella, Hollie como la Madre, Lisa como la Anciana y yo como la Mujer Sabia y Salvaje que haría la transición entre todas.

Su habilidad y disposición de estar totalmente al servicio de mi liberación y mi resurgimiento resultaban profundamente aleccionadoras y conmovedoras. Antes de irnos, rompí a llorar conmovida por mi enorme gratitud ante su disposición de estar allí de una forma tan auténtica. Antes incluso de celebrar el ritual ya habían expandido mi capacidad de recibir.

Confesé que toda mi vida había añorado este tipo de círculo, esta unión entre hermanas, y que sería para mí un profundo honor poder hacer lo mismo por cada una de ellas. A su vez, afirmaron que también ellas lo habían añorado y que lo estaban recibiendo por estar allí: era el poder de las mujeres en círculo. La magia se estaba tejiendo ya.

Cuando llegamos a White Springs nos recibió uno de los guardas, nos acompañó al interior y cerró la puerta tras nosotras. El portazo me recordó lo sobrecogedora que era allí la acústica. Envueltas en la luz de las velas entramos en la cueva oscura, parecida a un seno materno en el vientre de Tor, y avanzamos siguiendo el sonido de los manantiales que atronaban ante nosotras y por debajo. Hacía muchísimo frío, pero una luz que podíamos sentir, aunque no ver, nos calentaba. Mientras nos adentrábamos hacia los manantiales, me abrumó una sensación en lo más profundo de mi propio seno. Ella ya había empezado a moverse a través de mí. Yo no tenía ni idea de que estaba a punto de vivir una de las experiencias más poderosas de mi vida y que iba a poner en marcha una cadena de acontecimientos tanto para mí como para mi linaje femenino.

En las tres esquinas de White Springs hay altares dedicados a distintas partes de lo femenino y lo masculino. La izquierda de delante está dedicada a la Doncella, representada por la diosa celta Brighid. La izquierda de atrás está dedicada a la Madre, con un altar a la Virgen Negra (unida con la consciencia de Magdalena y Kali) y tiene un pozo encima donde se iniciaban las antiguas brujas. La esquina derecha del fondo está dedicada al dios Cornudo, que para mí tiene también la energía de la Vieja.

Glastonbury es uno de los dos lugares del planeta donde el blanco (masculino) y el rojo (femenino) se unen; el otro es el monte Shasta, en California (Estados Unidos). Algunas personas dicen que White Springs alberga las energías sagradas masculinas, mientras que los manantiales rojos de Chalice Well contienen lo femenino sagrado. Para mí, en cambio, y muy particularmente ese día, White Springs encarnaba el femenino no reclamado, las partes más oscuras, violentas, salvajes y poderosas de nosotras que han estado reprimidas y que una vez más están esperando para levantarse. Y para que nosotras podamos realmente levantarnos y encontrar nuestra verdadera luz, a menudo tenemos que viajar a lo más oscuro y profundo. Y eso era exactamente por lo que yo estaba allí.

Nos colocamos de pie en círculo delante del pozo circular principal y Lisa inició el ritual invocando la energía de Craig para que nos protegiera y nos arropara. Llamamos al elemento agua, que golpeaba a nuestro alrededor, para que nos ayudara a mover las energías que estaban preparadas para fluir, e invocamos la consciencia de la diosa Magdalena, a los seres sutiles y a todas las mujeres y sacerdotisas que nos habían precedido en el trabajo de lo femenino. Expresamos nuestra intención y las invitamos a que nos brindaran su apoyo.

Lisa encendió el pebetero situado en el pretil del pozo invocando la energía de la Madre Oscura, Kali, y luego empezó a tocar el tambor. El sonido rítmico reverberando a través de nuestros cuerpos y por todo el espacio nos provocaba la sensación de que el latido del corazón de la Madre vibraba a través de nosotras al unísono. Podíamos sentir cómo ascendían las energías.

Una por una empezamos a entonar nuestros cánticos personales y únicos invitando a las energías a moverse a través de nosotras y utilizando nuestros cuerpos como conductores. Sostenidas por la presencia de todas las mujeres que en algún momento se habían unido en círculo en honor de lo que se está viniendo abajo y de lo que está surgiendo, me sentí sobrecogida de emoción por lo que estaba sucediendo y por la habilidad de aquellas tres mujeres para dejar que se moviera a través de ellas de una forma tan desinteresada. Podía sentir la serpiente Shakti ondulando extática por mi cuerpo. Agudamente consciente de todo el tiempo que había tardado en viajar hasta allí y de todas las mujeres sabias que me habían sostenido en el camino, pude sentirlas también a ellas de pie a mi lado.

A continuación, Amy, Hollie y Lisa se dispersaron por las tres esquinas de la cueva sagrada y, como una trinidad, empezaron a entonar sus canciones propias y únicas. No las estaban cantando, ellas estaban siendo cantadas. Sus voces hicieron eco y golpearon todos los rincones de mi corazón y de mi seno. Con un primer paso intencional, empecé mi viaje de Doncella a Madre, a Mujer Sabia y Salvaje y a Anciana rindiéndome a lo que estaba cayéndose y con una reverencia profunda por lo que estaba listo para surgir.

Al entrar en el nido de la Doncella, encontré a Amy rodeada de velas. Me invitó a que me sentara con ella en un tronco, bajo un dosel de ramas. Al mirarla a los ojos, vi reflejado mi yo más joven. La Doncella juguetona, aventurera, inspirada, excitable y de gran corazón, tan comprometida y decidida a trabajar duro y a hacer siempre las cosas lo mejor posible.

Se me saltaron las lágrimas al ver una tristeza y un agotamiento en sus ojos por todas las veces que le había negado el alimento y el sostén que tanto anhelaba, por apremiarla tanto a darse prisa y crecer, por su espíritu joven y juguetón, al que yo no había permitido que vagara libre. Le cogí las manos y le dije lo mucho que lamentaba haberla forzado tanto y haberla hecho sentirse culpable cuando necesitaba descansar. Le dije que sentía mucho haber negado y no apreciado durante tanto tiempo esta parte de mí misma. Le confesé que sabía que necesitaba avanzar, pero que no sabía cómo hacerlo sin repudiarla. Ella me tomó la mano y, con mucho amor, me marcó el camino.

Sintiendo la fuerza reabastecida, juguetona y alegre de la Doncella detrás de mí, crucé el umbral hacia la Madre. Mi corazón se ablandó y se abrió de par en par mientras Hollie cantaba: «Ahora camino en la belleza. La belleza está ante mí. La belleza está detrás de mí, por encima y por debajo de mí».

Con la cara cubierta de rímel y con mi corona de flores completamente ladeada, caí en los brazos de Hollie y me permití a mí misma ser plena y completamente sostenida. Hasta ese momento no me había dado cuenta de todo lo que mi Doncella estaba acarreando. Hollie me cogió la cara con sus manos y, con todo su amor, enjugó las lágrimas de mis mejillas.

Ayudada por el estruendo del agua detrás de nosotras, solté toda resistencia y permití que el peso de mi cuerpo fuera sostenido por la Madre. Aunque mi alma ya sabía que el Universo me estaba sosteniendo, fue como si en ese momento la parte humana de mi ser, mi cuerpo, por fin lo comprendiera.

Hollie siguió cantando y acunándome entre sus brazos como diciendo: «Ya sé, ya sé. Deja que te sostenga. Aquí puedes descansar». En su abrazo podía sentir su voz y los latidos de su corazón reverberando a través de mi cuerpo. Y no tengo ni idea del tiempo que me dejé acunar y alimentar por la Gran Madre de todos nosotros.

Supe que podía retirarme en aquel nido alimenticio cuando quisiera, pero que ahora había llegado el momento de seguir mi viaje. Escuché en susurros una de mis citas favoritas de Clarissa Pinkola Estés:

«Cuando un barco grande está en el puerto y atracado, está seguro, no hay duda de ello. Sin embargo…, no es para eso para lo que se construyen los barcos grandes».

Viendo que yo preferiría permanecer en el nido de la Madre, pero sabiendo que ya estaba preparada, Hollie me dio un empujoncito suave pero firme y lleno de ánimo.

Sostenida por la fuerza amorosa y el apoyo de mi Doncella y de mi Madre, dejé el calor y me adentré en mi poder como Mujer Sabia y Salvaje. Completamente arropada y alimentada por mi Doncella y mi Madre, sentí el cambio sutil de energía que se produjo cuando crucé otro umbral más de vuelta a la parte delantera del pozo. Algo había cambiado. Me sentía fuerte, poderosa y sostenida de una forma diferente a como lo estaba antes.

Empecé a cantar y a bailar delante del pozo para liberar todas aquellas partes de mi ser que estuvieran atadas y enjauladas. Shakti surgió a través de mí mientras yo me mecía y pataleaba para volver a traer a mi mujer salvaje, mi mujer excesiva, de nuevo a mi cuerpo gracias a la presencia del triángulo que formaban a mi alrededor mis tres hermanas.

Justo en el momento en que terminaba, llamaron a la puerta: era la señal de que había llegado la hora de seguir adelante, de que el mundo exterior me reclamaba…

Mientras giraba la esquina para dirigirme a las profundidades de la Anciana, caí de rodillas. Con la frente a los pies de Lisa, me rendí a la sabiduría de la Anciana, a su potencia, a su perspectiva y a su capacidad para no preocuparse por lo que el mundo pueda pensar. Al levantarme de nuevo, ella me sostuvo en mi potencia. Me colocó la mano en el tercer ojo y luego en la garganta y en el vientre, como para abrir mi poder de mujer para intuir, hablar y crear, y hacerlo todo sin miedo.

Cuando nos dirigíamos de nuevo al centro, donde todo había comenzado, la puerta se abrió de par en par y la luz inundó el espacio. Tuve la sensación de que había muerto cien veces y renacido otras tantas. Dirigí la mirada hacia mis queridas hermanas y me quedé estupefacta al comprobar que yo no era la única que se había transformado.

Estábamos cogidas de las manos, entrelazadas por el espíritu, con nuestros cuerpos vibrando por lo que acababa de suceder.

Fue una pausa en nuestras vidas en la que el tiempo se detuvo y el velo se volvió muy muy fino. Respiramos profundamente y nuestros ojos dijeron todo aquello que las palabras son incapaces de comunicar.

Empezaron a entrar turistas sin tener ni idea del ritual que acababa de realizarse. ¿De verdad *se había producido*?

Mi mente estaba tan alucinada que las piernas apenas me funcionaban. Tenía que concentrarme para colocar un pie delante del otro. Subimos por Well House Lane y la única palabra que éramos capaces de pronunciar era:

«Guau».

SANANDO EL LINAJE FEMENINO

U NA SEMANA MÁS TARDE, ya de vuelta en Australia y en los prolegó-
menos de nuestro enlace, Craig y yo contratamos a una persona
para que nos organizara la boda y asegurarnos así de que mi madre podía relajarse y pensar primero en sí misma para concentrarse en su sanación. Ella, sin embargo, seguía yendo a un millón de kilómetros por hora
y pensando en todo el mundo antes que en ella misma.

Yo estaba organizando un retiro de un día. Estaba muy cerca de la
casa que había sido mi hogar de niña y en el mismo lugar en el que me
iba a casar la semana siguiente. Mi padre vino para echar una mano y se
disculpó diciendo que mi madre no podía estar allí porque estaba descansando.

Encantada al ver que por fin estaba poniendo por delante su propio
bienestar, vitoreé por dentro y luego oí el crujido que produjo mi tobillo
izquierdo al torcerse. No era el mejor momento, teniendo en cuenta que
seis días más tarde iba a tener que recorrer el pasillo de la iglesia con
tacones. Sin embargo, como sabía que el lado izquierdo del cuerpo representa el linaje femenino, supe que aquello simbolizaba en realidad
algo más importante. Tras el retiro, consulté el libro *Usted puede sanar
su vida* de Louise Hay, y descubrí que el tobillo representa «nuestra capacidad para recibir sin sentirnos culpables».

Al día siguiente fui cojeando a mi despedida de soltera en la bahía
de Sídney. Ya había hablado con mi madre acerca del momento y la in-
terpretación de mi lesión, y nos asustamos al comprobar que mi herma-

nastra Kylie también se había hecho daño en el tobillo izquierdo. Y por si esa coincidencia no fuera suficiente, llegó Nanna Peg (la madre de mi madre) ¡y descubrimos que también ella se había lesionado el pie izquierdo!

Tres generaciones de mujeres rodeando a mi madre y todas con lesiones en el lado izquierdo del cuerpo, el lado femenino. Algo estaba sucediendo en el linaje femenino. Envié un mensaje a mis amigas de la Hermandad Espiritual de Mujeres para contarles la noticia. ¿Cuál fue su respuesta? «Guau».

△

LA CADENA

DESPUÉS DE LA BODA, Craig volvió a Londres y yo me quedé para estar unos días con mi madre.

La mañana antes de regresar a Londres acudí a yin yoga con ella, Sheyla y Robyn. Durante la clase descubrí que el collar que me pongo todos los días se había roto y, al inspeccionarlo, comprobé que la cadena se había partido en dos dejando un único eslabón libre.

Al terminar la clase, Robyn se dio cuenta de que no llevaba el collar. No comprendíamos cómo se había podido romper, pero lo cierto era que uno de los eslabones se había separado de la cadena.

Anonadadas las cuatro, cruzamos la calle para ir a una cafetería. En cuanto estuvimos sentadas, me giré hacia Robyn sosteniendo la cadena rota y el eslabón suelto en la mano y le dije:

—¡Yo he roto la cadena!

Ella sonrió y asintió con la cabeza, sabedora del largo viaje que había precedido a este momento.

Con una gran sonrisa, miré a todas aquellas mujeres valientes y sabias a las que amaba con todos los recovecos de mi corazón. Su presencia me llenó de agradecimiento porque me di cuenta de que eso era precisamente lo que durante tantos años había anhelado con todas mis fuerzas.

Nos levantamos y nos fuimos a visitar a Nanna Peg, quien, poco tiempo atrás, había sufrido un pequeño ictus. Me senté a sus pies y le fui cogiendo los dedos de las manos uno por uno y sosteniéndolos durante unos minutos. Es una técnica de sanación energética que Sheila me había enseñado unos años antes, pero en realidad la utilicé como excusa para tocar sus manos tan suaves.

Estando todas allí reunidas a su alrededor, le pedí que nos contara una historia de su pasado. Ella nos habló de la fortaleza de su madre, que jamás abandonó la esperanza durante los tres años que su marido estuvo prisionero en la cárcel de Changi durante la Segunda Guerra Mundial, aunque las autoridades lo habían dado por muerto. Y del día en que él entró por la puerta de casa. Luego nos relató el momento en que descubrió que su hermano pequeño se había suicidado, y recordó el dolor y la fuerza de su madre para seguir viviendo sin él.

¿Cómo podía ser que yo no conociera ninguna de estas historias? ¿Qué más cosas había que no supiera?

Cuatro generaciones de mujeres congregadas a su alrededor, pendientes de todas y cada una de sus palabras. La Gran Madre tejida a través de cada una de nosotras.

Con lágrimas en las mejillas, le di las gracias cuando terminó de hablar por haber compartido su historia con nosotras.

Ella me cogió la cara, me miró y me dijo:

—No, cariño, la afortunada soy yo.

Δ

Si te frenas lo suficiente como para percibirlo,
descubrirás que tu vida está
formada por esta poesía.

Si escuchas justo antes de que salga
el sol, escucharás cómo la Madre
crea todas y cada una de las palabras.

SEGUNDA
PARTE

EL NACIMIENTO DE UNA NUEVA ERA

«Intentaron enterrarnos.
No comprendieron que somos semillas».

Proverbio mexicano

△

FUIMOS CREADAS
PARA ESTOS TIEMPOS

No te desanimes… Fuimos creadas para estos tiempos.
CLARISSA PINKOLA ESTÉS

ESTA ES UNA ÉPOCA de gran despertar. Se han levantado los votos de silencio. Estamos recordando la sacralidad de lo que significa ser una mujer. Estamos dando a luz una nueva era.

Los videntes y sabios de la antigüedad ya predijeron este momento que estamos viviendo. El año 2012 marcó oficialmente su comienzo, pero lleva un tiempo acercándose. Y tú elegiste reencarnarte justo en mitad de él. Fuiste creada para esta época.

Algunos la denominan el final del patriarcado. Yogui Bhajan la llamaba la «era de Acuario». Para los mayas era el «nuevo amanecer». Yo la considero la «era de la luz». La llames como la llames, implica que todas las almas tienen que levantarse.

Estamos en un periodo de transición entre eras, en el proceso de dejar que el ciclo antiguo se derrumbe y surja el nuevo. Como sucede en cualquier tipo de cambio, la transición no es fácil. Las cosas que en un tiempo nos servían están desapareciendo y todo aquello que no es auténtico no puede sobrevivir. Es como conducir en medio de la niebla y confiar en que la carretera va a aparecer ante nosotros. Nos vemos obligados a dejar atrás las identidades viejas y las formas de ser que ya no nos sirven y a utilizar nuestra intuición como brújula. Si estás leyendo este libro, lo más probable es que ya estés en proceso de hacerlo y que hayas venido para guiar en el camino.

Creo que existe un grupo de almas que se han estado encarnando en periodos significativos de la historia y preparándose para este momento preciso; dedicando sus vidas a devolver la voz de lo femenino sagrado y a anclar su luz por todo el planeta; recordando al mundo la importancia de vivir en armonía con la Madre Tierra, con sus estaciones, y el hecho de que la sanación es posible durante periodos de la historia en los que no era seguro hacerlo.

Las hermanas Magdalenas, las hijas de Isis, las esenias, las sacerdotisas, las brujas, las místicas, las sanadoras, las videntes, las artistas, las parteras, las visionarias, las guardianas de la tierra y las cuentacuentos de tiempos pretéritos. Mujeres interesantes, mujeres francas, mujeres valientes, mujeres intensas, mujeres que conocían su poder, mujeres que confiaban en su sabiduría. Y los hombres que la protegieron a Ella para que pudiera realizar su trabajo sagrado. Muchas se vieron obligadas a retirarse y a esconderse en los tiempos en los que no era seguro compartir su mensaje, afirmar su poder y confiar en su sabiduría innata.

Este es el amanecer de un nuevo día. La sabiduría femenina ancestral, en un tiempo oculta y silenciada, ha despertado y está lista para resurgir.

Cada una de nosotras forma parte de una hermandad de mujeres divina que, al reunirnos y sanarnos, aportará un cambio muy necesario en el planeta. Es el momento de dar a aquello que nos llama desde nuestro interior el permiso y el espacio para levantarse. Es posible que el proceso no resulte agradable y, con toda seguridad, no será lineal, pero es necesario y ha llegado la hora de realizarlo.

Cuando una de nosotras se despierta y se levanta, consigue que a otra le resulte más fácil seguir su ejemplo.

Ella soy yo y nosotras somos ella.

Brilla, hermana, brilla.

Tuvieron que soportar mucho para
estar aquí juntas en este momento.

Ahora ya no había posibilidad de
que lo pasaran dormidas.

△

SHAKTI SIEMPRE SE DESPIERTA

*Un poder auténtico surge de una fuerza femenina
interior: de Shakti.*

SALLY KEMPTON

Todas nosotras albergamos un poder en nuestro interior, una fuerza femenina sagrada y creativa que quiere fluir libremente. Despierta en unas, aletargada en otras, siempre a la espera de poder desenroscarse y surgir.

Shakti es una fuerza vital presente en todas las cosas del Universo, la energía espiritual primigenia situada en la base de la columna vertebral. Es conocida a menudo como Kundalini Shakti y se parece a una serpiente enroscada que, una vez activada y despertada, se levanta instintivamente y asciende por la columna girando y serpenteando a través de cada uno de los chakras, hasta la coronilla y más allá.

Cuando empieza a levantarse y a moverse por tu cuerpo, es muy fácil que te parezca que has desarrollado superpoderes. Por un lado, así ha sido; por el otro, sencillamente has permitido que la fuerza creativa femenina sagrada del Universo entero se mueva libremente por tu cuerpo. Cuando tu Kundalini Shakti empieza a ascender, experimentas cosas alucinantes porque recuerdas que estás conectado con la Vida en su conjunto. Descubres que esta fuerza inteligente que fluye en éxtasis por tu cuerpo sagrado es exactamente la misma que se mueve por todos y cada uno de los seres vivos.

Podemos rendirnos a la misma fuerza femenina misteriosa (Shakti) que controla el giro de los planetas, las mareas y las estaciones, o seguir luchando y confiar en nuestra propia fortaleza independiente. La decisión está en nuestras manos.

En un sistema jerárquico en el que unos pocos situados en la cumbre dirigen las masas, a los que tienen el poder no les interesa que haya mucha gente conectada a un poder tan infinito. Es nuestro poder (Shakti) lo que el patriarcado se esforzó por controlar. La parte de nosotras que sabe que estamos conectadas con todo y que albergamos en nuestro interior la misma fuerza sagrada que hace que las flores se abran, que las mareas suban y bajen. Que yo, tú y todas somos sagradas y divinas. Muchas tradiciones ancestrales consideran a las mujeres como las proveedoras de Shakti, según descubrirás más tarde en la historia de Ella (*véase página 102*).

Los mayas y otras civilizaciones antiguas predijeron que el mundo acabaría en cierto modo en el año 2012 y sus calendarios no van más allá del 21 de diciembre. Mientras lees este libro, está claro que no fue el fin del mundo, sino que marcó más bien el fin del mundo tal y como lo conocíamos y el comienzo de una nueva era. Aunque las fechas concretas varían, se cree que hacia el 2012 la tierra pasó de la era de Piscis a la era de Acuario. De la Edad Oscura a la Edad de la Luz. Con la llegada de esta nueva era, muchas personas empezaron a experimentar el inicio del despertar de su Kundalini Shakti.

Algunos de los efectos secundarios físicos del despertar de una Kundalini Shakti son sacudidas o temblores involuntarios, calor, visiones, periodos de euforia, depresión y avalanchas de energía. Trabajando con Shakti puedes empezar a liberar formas en las que has mantenido tu poder contenido. Puedes liberarte para fluir con menos esfuerzo con la totalidad de la Vida.

Esta fuerza femenina divina está una vez más ocupando su lugar. Cuando cada una de nosotras nos rendimos a su ascensión, estamos, de hecho, encarnando el poder sagrado, la sabiduría ancestral y el amor incondicional del que este planeta ha estado privado durante tanto tiempo.

BRILLA, HERMANA, BRILLA

¿Has experimentado algún tipo de despertar hacia el año 2012?

¿Has percibido el despertar de tu Kundalini Shakti o experimentado cualquiera de los efectos secundarios descritos?

▲

EL SANTO GRIAL ESTÁ EN TU INTERIOR

MUCHAS TRADICIONES ANCESTRALES consideran a las mujeres como las proveedoras de Shakti, de la fuerza de vida espiritual que conecta a la Vida en su conjunto. Por decirlo en pocas palabras, el amor incondicional. Eso es de lo que está hecho lo femenino equilibrado puro. Ese es el potente poder de Ella.

Shakti es el poder creativo femenino divino. Una fuerza imparable que puede fluir a través de todas las mujeres. La resaca del patriarcado nos ha dejado la sensación de que hay algo que no está bien en nuestros cuerpos, pero esa idea no podría estar más lejos de la verdad. Dentro del útero de una mujer existe un campo vibratorio sagrado que hemos olvidado. Los antiguos lo sabían (¿verdad, sacerdotisas de Isis?) y ha llegado el momento de que lo reclamemos.

Tu cuerpo es sagrado. Tu sexualidad es sagrada. Tú eres sagrada. Ojalá consigamos dejar de vernos a nosotras mismas como cualquier otra cosa.

Toda mujer es una diosa porque posee la capacidad de encarnar lo divino femenino, Shakti, en toda su fuerza radiante.

La flor utiliza a Shakti para atraer a la abeja, y a las mujeres se nos ha avergonzado por ser como esa flor. Shakti es poder y, en una sociedad patriarcal en la que una persona controla a muchas, una mujer en su poder no encaja bien. Por eso, en muchas se ha cortado esta conexión energética. Ha llegado el momento de que la sanemos.

Cuando mi marido y yo nos conectamos por primera vez, yo estaba plenamente en mi femenino. Había experimentado mi segundo despertar de la Kundalini Shakti (*véase página 42*) y me encontraba por primera vez en mi vida «enamorada», no de nadie, sino de la Vida misma. Estaba en un espacio de amor incondicional puro. Mi cáliz interior estaba lleno. Era una mujer «una en mí misma». No anhelaba nada que estuviera fuera de mí porque estaba conectada con la Fuente de todo.

Craig, que también había vivido su propia transformación, estaba en su masculino y respetaba profundamente lo femenino sagrado. Sin previo aviso, cuando nos juntamos en unión sagrada, la Shakti sagrada se entrelazó entre nosotros en un éxtasis que iba mucho más allá del sexo. Alucinado por la experiencia, al día siguiente Craig decidió bautizar a su empresa contratista como «Kundalini Ltd.».

Deseo que todas consigamos liberar el diálogo interior que le dice a nuestro cuerpo que no somos sagradas. Deseo que rechacemos cualquier fuerza exterior que sugiera que deberíamos tener cualquier cosa menos la forma y el tamaño que tenemos. Deseo que podamos cuidarnos a nosotras mismas con amor para volver a adorar todos y cada uno de nuestros gramos de carne. Toda mujer es radiante. Deseo que rechacemos con energía todo aquello que nos sugiera lo contrario.

MANTRA DE #RISESISTERRISE

Permito a Shakti fluir libremente por mi cuerpo. Estoy abierta a liberar la potencia de mi sexualidad y a asumirla como un acto santo. Deseo que mi cáliz interior esté siempre lleno.

BRILLA, HERMANA, BRILLA

¿Qué creencias acerca de tu cuerpo y tu sexualidad
te han programado?

△
EL REGRESO

Para prosperar en la era de la Luz, debemos volver a fluir con la naturaleza cíclica de la Vida. Para ello debemos pasar de centrarnos en el «yo» a hacerlo en el «nosotros», y recordar que la Vida en su conjunto es una parte de un todo mayor. No somos independientes de la tierra, sino que formamos parte de ella. Somos nosotros los que corremos el riesgo de no sobrevivir si no atendemos a sus llamadas.

No es ninguna coincidencia que estés en este planeta en este preciso momento, que tú también hayas elegido regresar a esta etapa de la historia ni que este libro haya caído en tus manos. Deseo que estas páginas sirvan para activarte, para transmitirte, para desvelarte, para desatarte, para recordarte todo lo que viniste a hacer y a compartir. Deseo que, con cada página que pases, podamos liberar juntas todo aquello que nos haya llevado a aprender a atenuar nuestro poder femenino, nuestra voz, nuestra magia, nuestra sabiduría, nuestra creatividad y nuestra luz. Deseo que sanemos toda resistencia o desconexión con la Shakti, que aspira a fluir por todas y cada una de las partes de la Vida. Deseo que levantemos todos los votos de silencio y las capas de protección. Deseo que veamos nuestras sensibilidades y nuestra naturaleza intuitiva como fortalezas. Deseo que sanemos la separación y la sombra del patriarcado que existe en el mundo y dentro de nosotras. Deseo que nos inclinemos ante el flujo de la Vida y recibamos todo lo que quiere ser creado a través de nosotras. Deseo que dejemos de perseguirnos unas a otras.

Por último, deseo que juntas sanemos nuestros mundos interiores para que el exterior, nuestro magnífico planeta Tierra, pueda seguir siendo el lugar que llamamos hogar.

BRILLA, HERMANA, BRILLA

¿Estás preparada para rendirte a la fuerza que controla el giro de los planetas o sigues empeñada en ejercer tu propio control y tu fuerza?

△

EL MISTERIO DE LA MUJER

*Las mujeres son las guías de la era de Acuario no porque al fin hayan
«ganado» la proverbial guerra de sexos, sino porque al fin han reconocido
su auténtica naturaleza y han decidido servirla —y entregarla—
por el bien de todos.*

YOGUI BHAJAN

A LAS MUJERES NO SE las enseña, ellas se despiertan. Toda mujer alberga una fuerza misteriosa en su interior. Una sabiduría ancestral que está constantemente susurrando. Un flujo rítmico que no está conectado solo con la fuerza vital del planeta, sino con todo el Universo. Una naturaleza cíclica que, si todas las mujeres se rindieran a ella, devolvería el equilibrio a toda la tierra.

Un poder divino tan intenso como las mareas, tan grande como las montañas, tan salvaje como la jungla, tan misterioso como la luz de la luna y tan brillante como el sol. Una fuerza sagrada que ha sido contenida y refrenada durante milenios, pero que está lista para surgir de nuevo.

Muchas de nosotras hemos experimentado una pérdida de contacto con los poderes misteriosos que conlleva el hecho de ser mujer por nuestros esfuerzos por encajar en un modelo lineal, por intentar prosperar en un mundo de hombres. Ha llegado el momento de soltar las ataduras que nos mantienen refrenadas, de inclinarnos ante la Madre y de dejar que sus ritmos nos indiquen el camino a casa. Debemos sanar las inseguridades heredadas del patriarcado que nos mantienen enjauladas. Es la hora de reclamar nuestra conexión con Shakti (poder), nuestra sabiduría innata (intuición) y nuestro amor intenso e incondicional. Cuando lo hagamos, nada podrá impedir que Ella resurja.

BRILLA, HERMANA, BRILLA

¿Qué se está levantando en ti?

△

CUANDO UNA MUJER SANA

Toda mujer que se sana a sí misma ayuda a sanar a todas las mujeres que vinieron antes que ella y a todas las que vendrán después.

Dra. Christiane Northrup

Resulta fácil sentirse abrumada al contemplar el estado actual del planeta y podemos sentir que no es posible hacer nada para darle la vuelta a la situación, pero yo creo que no es así. Cada esfuerzo, por diminuto que sea, influye sobre el todo. Nunca es demasiado tarde.

Las tragedias actuales de la tierra son consecuencia de nuestra separación. La forma en que la tratamos es un reflejo de cómo nos tratamos a nosotras mismas. El único modo de sanar al mundo que nos rodea es sanarnos primero a nosotras. Cuanto más nos centremos en la autosanación, más probabilidades tendremos de sanar a este planeta tan increíblemente bello que tenemos la bendición de poder llamar hogar.

Sanar significa hacer que algo esté completo. El proceso de sanación nos devuelve el equilibrio con la Vida en su conjunto, por tanto, cuando una mujer sana, no lo hace ella sola, sino que sana a todo el conjunto. Cuando una mujer sana y recupera la armonía, envía ondas a aquellas que la precedieron y a las que vendrán después. Jamás sabrá realmente el impacto que estas van a producir, pero puede estar segura de que no va a ser la única en percibir su sanación. Cuando recupera la armonía, también lo hace todo el planeta.

Este trabajo de autosanación no es fácil, pues nos exige desenterrar nuestra sombra y asumirla. Es incómodo, y por eso no todo el mundo lo hace; resulta mucho más fácil insensibilizarnos. El hecho de que estés trabajando de forma consciente en tu propia sanación personal es, al mismo tiempo, algo muy valiente y admirable; por el simple hecho de hacerlo, ya eres una líder. Gracias por ello.

BRILLA, HERMANA, BRILLA

¿Para curar qué estás siendo llamada?

¿Qué has estado evitando sanar?

¿Cuál es el primer pasito que debes dar para sanar esto ahora?

△

UN NUEVO PARADIGMA
DE CAMBIO

Estamos entrando en un nuevo paradigma que va de una era a la siguiente. Eso significa que las normas lineales sobre las que en su momento construimos nuestra vida (los sistemas e identidades que entonces nos sirvieron) están cambiando. Se están actualizando. Se están recalibrando. Tenemos que permitir que los cambios nos conmuevan. Tenemos que ser fluidas y no rígidas, reglamentadas ni fijas.

Ya han pasado las antiguas formas de esperar hasta que ya no aguantamos más y luego dar un vuelco total a nuestra vida. De construir la torre lo más alto posible y sentirnos abrumadas por la posibilidad de que se caiga. Debemos escuchar y darnos permiso para ser transformadas, poquito a poco, mientras sucede.

Cuando nos rendimos al ritmo de la Vida, encontramos una forma nueva de ser en la que aprendemos a bailar con la incertidumbre y a ser movidas y sostenidas por la inteligencia cósmica de Shakti. No debemos llorar por la pérdida del sol, sino apreciar el brillo de la luna. No debemos echar de menos la quietud de la noche, sino celebrar la llegada del amanecer.

Alinear nuestra vida es un proceso inacabable, es una práctica para el día a día, momento a momento. No es un vuelco de una vez. Vivir alineados es una práctica diaria; comprobar, mantener el rumbo, ajustar la dirección mientras viajas; observar lo que te parece bueno, libre y espacioso y lo que te resulta restrictivo, estancado y fijado, lo que se está derrumbando y lo que está preparado para levantarse.

En estos momentos hay una enorme cantidad de energía de alta vibración que se mueve a gran velocidad y golpea la tierra, y esta está cambiando a nivel celular. Y, mientras lo hace, nuestros cuerpos físico y emocional se sintonizan con esta frecuencia; después de todo, formamos parte de la tierra. Así como la copa que se somete a una presión de altas vibraciones estalla, a nosotras nos sucede lo mismo: las viejas identidades y formas de ser que en su momento nos sirvieron ya no pueden sobrevivir.

Deja que estallen, porque ese estallido permite que los trozos se recompongan por sí solos.

BRILLA, HERMANA, BRILLA

¿Qué hay en tu vida que te parezca estancado y fijado?

△

EL PROCESO SIN FIN DE LEVANTARSE

No encontró lo desalentador de venirse abajo. Porque, cada vez que
se encontraba rota, sabía que se estaba brutalmente rehaciendo a sí
misma y colapsando para renacer como una estrella alborotadora;
frecuentando el cielo oscuro.

R. M. DRAKE

LEVANTARSE RESULTA INCÓMODO. Y, en muchos casos, no es bonito. Los cuentos de hadas y las películas glorifican el proceso, sugieren que hay un final al que llegar, un colorín colorado feliz en el que toda nuestra vida esté perfectamente colocadita. Un lugar al que arribar en cuanto superas un obstáculo concreto o una serie de desafíos que se interponían en tu camino. Una escalera que subir. Una montaña que conquistar. Una persona a la que perdonar. Una relación que superar. Un premio por el que luchar. Y por fin conseguirás ese objetivo trascendental. Te contratarán como artista. Publicarán tu obra. Encontrarás a tu amor verdadero y te casarás. Te curarás de esa enfermedad. Concebirás un hijo. Dejarás de comer de manera compulsiva. Te despertarás de verdad. Por fin habrás llegado y todo será increíble, podrás empezar a vivir de verdad. Al fin.

Y entonces, cuando por fin conseguimos lo que deseamos, hacemos todo lo que está en nuestras manos para aferrarnos a ello. Este es el momento exacto en que dejamos de fluir con la Vida. Así como la rueda de la Vida no deja jamás de girar, cuanto más tiempo te aferres e intentes permanecer donde estás, más te saldrás del flujo de la Vida.

La Vida no es lineal, sino cíclica. Es un viaje ilimitado de transformación. De altibajos. De alegrías y penas. De contracción y expansión. De nacimiento y muerte. De ganancias y pérdidas. El cambio es algo seguro y nuestra capacidad para rendirnos a sus ritmos naturales es la mejor herramienta.

Ningún día es mejor ni peor, todos nos ofrecen grandes riquezas, tanto aquellos en los que nos elevamos como aquellos en los que caemos. La señal de una auténtica peregrina del alma es que, cuando los vientos cortantes le azotan la cara, en lo más profundo de su interior se alza una voz que le susurra que esta experiencia también es buena. Si estamos aquí para levantarnos, crecer, expandirnos y dirigir, los momentos duros no son peores que los de celebración.

Si caemos, no significa que hayamos fracasado; es, más bien, otra invitación a transformarnos y expandirnos.

Toda batalla, toda lucha, todo «qué demonios quieres que haga ahora» contiene una lección. Y es muchas veces ese mismo viento inclemente el que nos anima a navegar sin esfuerzo.

El hecho de levantarse no es lineal, sino un ciclo infinito. Hace falta valor para dejar que nos cambie, y por eso la mayor parte de la gente se resiste. Tú no estás entre esa mayor parte de la gente.

BRILLA, HERMANA, BRILLA

¿Qué partes de tu vida se están derrumbando?

¿Qué hay en tu vida que tenga fecha de caducidad?

Δ

Cuando se dio cuenta de que
estaba superando el bache,
dejó atrás la necesidad de entenderlo
y utilizó su

corazón

como si   fuese una

brújula.

△

TRANSFORMACIÓN Y RECALIBRADO

EL PROCESO DE TRANSFORMACIÓN en su conjunto es algo milagroso. Supone, de un modo bastante literal, cambiar de forma, de naturaleza y de aspecto. Con todos los saltos del despertar y la consciencia que exige el paso a una nueva era, todas estamos sufriendo un recalibrado ingente. Estamos cambiando tanto nuestra forma física como nuestra frecuencia vibratoria.

En esta vida no tiene sentido cambiar en el alma si no concedes a tu cuerpo físico el tiempo que necesita para encarnar la transformación, para mantener el cambio a nivel celular y también emocional, mental y del alma. Cuando soltamos apegos, identidades y viejas formas de ser, nuestro cuerpo necesita tiempo para eliminarlos de nuestro organismo. Sé compasiva y observa con admiración mientras tu cuerpo milagroso se recalibra para ayudarte.

Si no le das el tiempo y el espacio que precisa para incorporar el cambio, no puede conservar esta frecuencia más elevada y el aumento de la conciencia se queda atascado en el pensamiento. Todo aire. Nada de tierra. Y eso te deja manoteando e intentando agarrarte mientras los vientos del tiempo siguen soplando.

**No es la hora de mantener conversaciones espirituales.
Es la hora de HACER el trabajo.**

Así como la secuoya que anhela ascender hacia la luz debe primero hundir profundamente sus raíces, a nosotras nos pasa lo mismo. La secuoya no puede alcanzar grandes alturas si carece de anclaje, si no es sostenida por la tierra. Si tu cuerpo necesita una siesta y descanso mientras lees este libro, respétalo. El que tú no estés haciendo nada no significa que tu cuerpo no esté obrando una maravilla.

Mientras preparaba y escribía este libro, he sufrido mi propia especie de recalibrado: he estado enferma varias veces y, algunos días, después de terminar un capítulo, necesitaba de pronto echarme una siestecita sin motivo aparente. He respetado estas llamadas que, si te soy sincera, me resultaban sumamente complicadas, sobre todo cuando tenía encima alguna fecha límite. Hace unos meses pedí incluso una prórroga de un mes porque me resultaba necesaria para encarnar el mensaje que este libro exigía.

Estamos siendo llamadas a ablandarnos y, así, a fortalecernos, a hundir nuestras raíces para poder elevarnos muy alto. Date el descanso y la recuperación que necesites para que el proceso de transformación pueda realizarse plenamente. Date tiempo para reencaminarte y reprogramarte.

Pregunta a la mariposa. Después de haber comido y crecido todo lo que ha podido, fabrica un capullo. A simple vista, da la impresión de que la oruga está sencillamente relajándose y descansando, pero la realidad es completamente distinta: se está transformando rápidamente dentro del capullo. Lo cierto es que durante esta fase de descanso es cuando resulta más productiva. ¡Mientras está encerrada en su capullo, está literalmente cambiando de forma! Los órganos, las extremidades, los tejidos y todas sus partes se están transformando; si este proceso se interrumpe demasiado pronto, la mariposa no llegaría a formarse. Por tanto, espera con fe durante un momento; entre tus respiraciones va a nacer algo completamente nuevo e increíble.

Debemos cambiar la creencia de que, para ser productivas, tenemos que estar ocupadas, permitir a la sabiduría de nuestro cuerpo que haga lo que mejor sabe hacer, y creer que el Universo y toda la Vida en su conjunto están apoyando nuestra constante transformación. La Vida se está tejiendo, con independencia de lo que estemos haciendo.

En el momento en que nos interponemos o intentamos microgestionar el Universo, desbaratamos el magnífico orden de la Vida. La naturaleza posee una inteligencia innata que sabe exactamente lo que tiene que hacer. Tú formas parte de la naturaleza, por eso tú también lo sabes.

BRILLA, HERMANA, BRILLA

¿Estás atendiendo a las llamadas de tu cuerpo para permitir que se produzca esta transformación?

△

DE TODO LO QUE CAE Y SE LEVANTA
Y SE LEVANTA Y CAE

Estamos en un estado constante de levantarnos y caer,

levantarnos y caer.

Lo único y todo lo que tenemos que hacer es permitir que

lo que está cayendo caiga y que lo que se está levantando se levante.

La Vida es así de circular.

Puedes levantarte y caer con ella

o resistirte y luchar contra ella.

La parte de ti que no puede morir jamás

está siempre susurrando historias acerca de soltar.

Puedes rendirte a la misma fuerza que controla todo el cosmos

o confiar en la fuerza de tu separación, que se está debilitando.

Puedes escuchar sus susurros o

esperar a que caiga la torre.

△

HACER AÑICOS PARA LIBERARTE

PARA QUE LO NUEVO pueda surgir, primero debemos echar lo viejo a la chatarra. Hay veces en las que esto sucede por sí solo; otras, sin embargo, se nos exige que seamos nosotras las que hagamos añicos lo que habíamos construido. Hay que destruir lo anticuado porque las cosas han cambiado, tú incluida. Hay que admitir que, aunque en su momento estuvo alineado, ahora ya no lo está. Hacer añicos lo viejo requiere tanto valor como fe: valor para soltar y fe en que las piezas se volverán a unir de una forma más alineada que la que tenían antes.

BRILLA, HERMANA, BRILLA

¿Qué parte de tu vida tienes que hacer añicos para liberarte?

△

UNA NUEVA MATRIZ

VIVIMOS EN UN SISTEMA que nos dice que no somos suficientemente buenas, y por eso estamos siempre esforzándonos por ser distintas de lo que somos. Un sistema que nos dice que cualquier cosa que esté fuera de nosotras es valioso. Pero nada de eso es cierto.

Cuando te das cuenta de que lo realmente precioso está o dentro de ti o viniendo hacia ti, ya no hace falta que te esfuerces.

Cuando te das cuenta de que los logros inacabables no te aportan lo que estás buscando, se produce una auténtica revolución, porque eso te lleva a un lugar en el que no necesitas nada que esté fuera de lo que realmente eres. Estás fuera de la matriz; eres capaz de desconectarte.

No existe visión externa ni modelo de lo que está por llegar. Nosotras somos las llamadas para crearlos y no podemos buscarlos en ningún sitio que no sea dentro de nosotras mismas.

Este es el poder de la mujer sabia: sabe que posee en su interior todo aquello que necesita y que tiene la capacidad de crear y dar vida tanto dentro de su cuerpo como fuera de él. ¿Puedes sentirlo? Está naciendo un futuro nuevo.

BRILLA, HERMANA, BRILLA

¿Qué es aquello a lo que estás siendo llamada a desconectarte?

¿Cuál es el nuevo camino o la forma nueva de hacer las cosas que estás llamada a forjar?

△

CON CADA NUEVO ALIENTO

Con cada nuevo aliento, creó una nueva matriz para ella misma.

Esta vez era una matriz tan fuerte que los que la rodeaban no podían penetrar en ella:

por patrones heredados de historias contadas a ella, por ella y acerca de ella.

Una matriz tan intensa que no importaba lo que arrojaran en su camino,

porque ahora ella obtenía su poder y su verdad

de un lugar intocable e inquebrantable que reside en lo más profundo de su ser.

Con cada nueva exhalación, libera vidas de opresión.

De poder obligado. De dolor y sufrimiento. De culpabilidad y vergüenza.

De retener su voz, su verdad, su sabiduría,

su conocimiento, su capacidad de poder, su santidad.

De albergar en su cuerpo cosas que ni siquiera eran suyas.

Nació por el fuego.

Cada nueva llama encendía un poder indomable que jamás podría ser extinguido.

Ahora no. Nunca.

Con cada nuevo aliento creó una matriz nueva para ella.

Y, cuando hubo acabado,

miró a su alrededor y se encontró en un océano de hermanas

que en todo este tiempo habían estado haciendo exactamente lo mismo.

△

RECLAMAR LA HISTORIA DE ELLA
Y LA SOMBRA DEL PATRIARCADO

DIOS FUE CONSIDERADO femenino durante mucho más tiempo del que Ella ha sido considerada masculina. La antigua adoración a la Madre Dios (lo que a menudo se conoce como «vieja religión») se remonta a hace más de treinta y cinco mil años, lo que la convierte en un culto más antiguo que el cristianismo, el budismo, el hinduismo, el islam y el judaísmo.

Honrar a la Madre Dios

En cuevas y yacimientos prehistóricos de toda Europa y Oriente se han encontrado pinturas rupestres, tallas y arte sacro que honran la naturaleza cíclica del cuerpo femenino y la adoración a la Madre Dios. Son pinturas rupestres de hace más de treinta y cinco mil años que revelan lo que se considera la representación más antigua de la adoración a la Madre Dios.

En la última glaciación, los seres humanos se vieron obligados a rendirse al poder de la Madre Tierra. Se cree que los cazadores y recolectores se conectaban con el espíritu de la tierra y de los animales para sobrevivir en unas condiciones tan duras.

El cuerpo de las mujeres se consideraba sagrado y las propias mujeres eran diosas porque literalmente creaban la vida. Todos venimos de una mujer. El planeta se consideraba femenino (Madre Tierra). Nuestro ciclo menstrual se conectaba con las fases de la luna (*tal y como se describe más adelante en la página 156*) y nuestras antepasadas marcaban estas fases mediante muescas en hueso. Las personas vivían según los ritmos y ciclos naturales de la tierra y, de este modo, en armonía con la Vida en su conjunto.

Todo se consideraba sagrado: las plantas, los animales, la tierra misma y tanto los hombres como las mujeres. Aquellos que podían conectarse profundamente con el espíritu de la naturaleza eran reverenciados como chamanes y sacerdotisas.

Cuando el hielo empezó a fundirse y la temperatura se hizo más suave, se descubrieron las líneas ley (potentes caminos energéticos situados debajo de la superficie de la tierra). Sobre ellas se construyeron círculos sagrados de piedra, y templos como lugares de ritual y culto. El clima más templado hizo que las tribus se convirtieran en comunidades, porque ya se podía viajar. Algunas tribus emigraron a América y se asentaron allí. Todas las etapas de la vida de la mujer eran honradas, tal y como se representa en el culto a la Diosa Triple. Las mujeres pasaban de Doncellas a Madres y a Mujeres Sabias y Ancianas. En muchas de las sociedades que veneraban a la Madre Dios, la riqueza y las propiedades se transmitían por línea femenina y los hombres adquirían el nombre femenino como propio cuando se casaban.

Las sanadoras eran sumamente veneradas porque trabajaban en armonía con la naturaleza y utilizaban hierbas para curar enfermedades. Las parteras daban la bienvenida y traían al mundo la vida nueva con sagrada reverencia. Las sumas sacerdotisas dedicaban sus vidas a honrar a la Madre Dios y a sus elementos en nombre de todas las personas. Se recurría a las videntes en busca de orientación, y las Mujeres Sabias eran muy veneradas como guardianas de la sabiduría y resultaban cruciales para encarnar y transmitir el conocimiento de la Vida.

Durante las edades del Bronce y del Hierro, tribus nómadas dedicadas al arte de la guerra invadieron y conquistaron muchas de las culturas de Europa, África, Oriente Próximo e India donde se adoraba a la Madre Dios.

Las mujeres fueron violadas, esclavizadas y obligadas a casarse, con lo que se extinguieron las líneas matriarcales. En su libro *La danza en espiral*, Starhawk describe lo siguiente:

> En Grecia, la Diosa, en sus múltiples formas, «se casó» con los nuevos dioses; el resultado fue el panteón olímpico. En las Islas Británicas, los celtas victoriosos adoptaron muchas de las características de la religión de la Madre Dios y las incorporaron a los misterios druídicos.

El cristianismo y la Virgen María

Con la introducción del cristianismo se construyeron iglesias en honor a la Virgen María, lo que, para muchas personas, se convirtió en otra forma de adorar a la Madre Dios. Muchas de las devotas y sumas sacerdotisas de la Madre Dios que se negaron a casarse hicieron votos de castidad y se convirtieron en monjas. Siguieron venerando a la Madre de la forma más segura que conocían: adorando a la Virgen María.

El Imperio romano empezó utilizando el cristianismo como un medio político para controlar a las masas. Las mujeres (y hombres) empoderadas que consideraban sagradas tanto a ellas mismas como a la tierra fueron obligadas a convertirse y a adorar a un dios masculino único, externo y todopoderoso. Las que no se conformaron durante el Imperio romano fueron consideradas «paganas», que en términos históricos significa perteneciente o relativo a una religión que adora a muchos dioses, sobre todo una que existiera antes de las religiones principales del mundo. Muchos templos y lugares de adoración a la Madre Dios fueron conquistados, tal y como puede verse en numerosas iglesias en las imágenes de san Miguel venciendo al dragón/serpiente, que es una representación de la energía Shakti que despierta.

El cuerpo sagrado de la mujer pasó de ser un receptáculo divino a ser propiedad del hombre. Los impulsos sexuales tanto masculinos como femeninos se consideraron pecaminosos, lo que nos desconectó de nuestro cuerpo. Las mujeres fueron obligadas a encajar en dos arquetipos: la virgen, es decir, la «chica buena», y la madre.

En su libro *The Great Cosmic Mother*, Monica Sjöö y Barbara Mor explican el origen de la palabra *virgen*:

> Virgen significaba no casada, no perteneciente a un hombre; una mujer que era «una en sí misma». El término deriva de una raíz latina que significa fortaleza, fuerza, habilidad, y más tarde fue aplicado a los hombres. Ishtar, Astarté e Isis fueron denominadas vírgenes, y con ello no se hacía referencia a su castidad sexual, sino a su independencia sexual.

Se cambiaron las historias de lo femenino sagrado para adorar lo masculino. La veneración a la Doncella, la Madre y la Anciana fue sustituida por la veneración al Padre, al Hijo y al Espíritu Santo. Los lados oscuros poderosos de lo femenino fueron extinguidos de la sociedad.

Los textos y rollos sagrados de las antiguas enseñanzas místicas, incluidos los relacionados con la veneración a la Madre Dios y a la Diosa, fueron censurados y destruidos, sobre todo en el incendio de la Gran Biblioteca de Alejandría, una de las más significativas del mundo antiguo.

La adoración a la Madre Dios se conoce también como brujería natural y extrae sus enseñanzas de los ciclos, el poder y la sabiduría de la naturaleza (la Madre Dios). En ingles, el término *bruja* (witch) derivó de la palabra *wicce*, que significa 'sabia', por lo que *brujería* significaría 'relacionado con la sabiduría'.

Las cazas de brujas

En el siglo XII se instauró la Inquisición como forma de imponer el control, y muchas sectas cristianas como la de los cátaros fueron acusadas de herejía. La brujería fue considerada un acto herético y algunas mujeres como Juana de Arco fueron quemadas en la hoguera (esta, el 30 de mayo de 1431). En 1484, el papa Inocencio VIII dictó una bula contra la brujería y las cazas de brujas, y los juicios continuaron hasta el siglo XVII.

En 1486 se publicó el libro *Malleus Maleficarum* (*Martillo de brujas*), escrito por Heinrich Kramer, un sacerdote católico alemán, y muy pronto acompañó a todos los jueces durante los juicios a las brujas. En este tiempo, las acusadas eran atadas a un taburete y sumergidas en los ríos de las ciudades como prueba santa. Si se hundían, significaba que eran inocentes y, por tanto, que no eran brujas (porque estaban muertas). Si sobrevivían, confirmaban que eran brujas, en cuyo caso eran bautizadas por el fuego y quemadas en la hoguera mientras la gente contemplaba el «espectáculo».

El miedo controló los pueblos de Europa y algunas partes de América porque sus habitantes eran obligados a ver cómo las «brujas/paganas» ardían delante de ellos. Las mujeres eran torturadas y obligadas a sentarse en taburetes de hierro al rojo vivo porque su sexualidad se consideraba satánica.

No se podía proteger a las demás ni alzar la voz contra el terrorismo por el peligro de ser acusada de herejía, sometida a un juicio injusto y sufrir una muerte terrorífica. Es imposible encontrar una cifra definitiva de la cantidad de personas que fueron asesinadas durante las cazas de brujas, pero las estimaciones van de decenas de miles a muchos millones. La cadena televisiva británica BBC informó recientemente de que se habían encontrado novecientos cuerpos de «brujas» enterrados debajo de una iglesia de Aberdeen (Escocia) que habían sido sentenciadas a muertes por crímenes como «curar a las vacas». Las acusadas no recibían juicios justos y es probable que la mayoría ni siquiera fueran juzgadas. Monica Sjöö y Barbara Mor describen en su libro *The Great Cosmic Mother* que se cree que el 80 por ciento de las personas sentenciadas a muerte por brujería en esa época fueron mujeres.

Una de las cosas más devastadoras acerca de este periodo de la historia es que hizo que las mujeres se volvieran unas contra otras, ya que las torturaban hasta que identificaban a sus cómplices en brujería, lo que, en mi opinión, provocó una profunda desconfianza entre las mujeres que todavía puede percibirse en la actualidad.

La veneración moderna a la Diosa

Hoy en día podemos encontrar la veneración a la Diosa en todos los rincones de la tierra, de India a Egipto, de las Islas Británicas a China, de Grecia a Oriente Próximo, de Turquía al Tíbet. Diosas como Durga, Kali, Kwan Yin, Tara, Isis, Horus, Vega, Parvati, Mazu, Brighid, Danu, Morgana, Shakti, Selene, Ishtar, Hebat, Tefnut, Naunet, Artemisa, Afrodita, Hera, Demeter. Lo femenino sagrado puede haber cambiado de forma, pero Ella no se ha ido nunca de verdad.

Hemos recorrido un largo camino y tenemos que avanzar todavía más para curar las heridas y los recuerdos del pasado del alma.

Esta podría ser la historia de su caída. Sin embargo, estamos viviendo la hora de su resurgimiento.

A través de los vientos, los árboles y el latido de nuestros corazones, Ella nos susurra:

«Brilla, hermana, brilla».

△

UNA ORACIÓN PARA SU DESPERTAR

Que cuando nos sacudamos los grilletes del pasado, creemos un arquetipo completamente nuevo para las mujeres en estos tiempos de despertar.

Que cuando reclamemos nuestras voces, encontremos la fuerza para hablar por aquellas que no la tienen.

Que cuando nos rindamos a nuestra naturaleza cíclica, nos veamos fortalecidas por el ritmo sin esfuerzo de la tierra.

Que cuando honremos a nuestros cuerpos, podamos volvernos a conectar con la sabiduría ancestral que reside en ellos.

Que cuando recordemos la sacralidad de nuestra calidad de mujeres, penetremos en la potencia de la persona que vinimos aquí para ser.

Que cuando dejemos atrás la desconfianza y las heridas pasadas, reparemos la ruptura de la hermandad de las mujeres y recordemos que hay espacio más que suficiente para que todas podamos levantarnos.

Y así es. Y así es. Y así es.

Se dio cuenta de que el peor
patriarcado era el que ella
se estaba imponiendo
a sí misma.

▲

EQUILIBRA TU ASPECTO MASCULINO
CON EL FEMENINO

Creo en el poder de los hombres que respetan la tierra
y a sus mujeres.
RUNE LAZULI

TODOS ALBERGAMOS EN NUESTRO interior energías masculinas y femeninas. Aunque tu sexo indica cuáles has escogido para centrarte en ellas en esta vida, seguimos encarnando ambas.

Ahora que estamos saliendo de cinco mil años de patriarcado, centrado en el masculino desequilibrado, es importante señalar que el femenino desequilibrado puede ser igual de destructivo.

Así como el patriarcado ha silenciado la ira de lo femenino sagrado, también ha hecho lo mismo con la habilidad de lo masculino sagrado para expresar emociones y reconocer su divinidad.

Al recuperarnos del patriarcado, es importante no aspirar a su contrario: pasar del patriarcado al matriarcado. Debemos más bien volver a equilibrar las energías sagradas masculina y femenina. Cuando lo femenino sagrado resurja, que lo masculino sagrado haga lo mismo junto a Ella.

A continuación encontrarás una lista de las características de las energías sagradas masculinas y femeninas cuando están equilibradas y desequilibradas. Léelas todas y observa con cuáles te identificas; recuerda que podemos tenerlas todas.

FEMENINO SAGRADO	FEMENINO DESEQUILIBRADO
Compasiva, sabia, en contacto con su capacidad para curar, conectada con la naturaleza y sus estaciones, se ve a sí misma como una persona completa, ama incondicionalmente, fieramente protectora del planeta y de sus hijos, sexual, sabia, conoce su poder, intuitiva, apasionada, empática, comprensiva, sanadora, fértil, creativa, abundante, fluye con el resto de la vida, proveedora de Shakti, asertiva, buscadora auténtica, llena su pozo, es capaz de ser sostenida, reverenciada y adorada por lo masculino, capaz de expresar ira y pasión.	Deprimida, necesitada, codependiente, excesivamente sensible, quejosa y autocompasiva, amargada, duda de sí misma, víctima, quiere agradar a todo el mundo, la chica buena, baja autoestima, dependiente, incapaz de valerse por sí misma, cotilla, resentida, no quiere ser feliz, mártir, egoísta, no soporta la felicidad de los demás, manipuladora, taimada, controladora, vengativa, incapaz de expresar sus necesidades, insegura, antepone las necesidades de todos los demás a las suyas, se compara mentalmente con los demás.

MASCULINO SAGRADO	MASCULINO DESEQUILIBRADO
Fuerte, protector, adora lo femenino, servicial, presente, activo, proactivo, abundante, poderoso, proveedor, con confianza en sí mismo, físico, lleno de energía, apasionado, heroico, valiente, capaz de ser apoyado por lo femenino, capaz de rendirse a lo femenino y de ser sostenido por este, capaz de amar incondicionalmente, en contacto con los sentimientos pero sin dejar que estos le controlen, empoderado, no amenazado.	Destruye todo lo que encuentra en su camino, despiadado, no piensa en nadie más que en sí mismo; en su opinión, el fin justifica los medios, contundente, brutal, salvaje, egoísta, ególatra, se considera una persona independiente, arrogante, desconectado, autoritario, débil, cruel, desconectado de las emociones, fácilmente amenazado, cobarde, mentiroso, terco, resiste y se esfuerza cuando ha llegado el momento de descansar, cabezota.

ADIÓS A LA CHICA BUENA

Como mujer, se espera de mí que desee todo lo que es agradable
y que sea yo misma agradable... Yo no diseño edificios agradables;
no me gustan.

ZAHA HADID

E L PATRIARCADO NOS DICE QUE, si seguimos un modelo lineal, todo saldrá bien. Trabaja muchas horas, evita los conflictos, persevera y, al final, serás recompensada.

Las viejas normas de mantenernos en nuestros trece para conseguir una promesa o una recompensa en el futuro han dejado de tener aplicación. Se está tirando de la manta y cada vez resulta más duro aferrarse a todo lo que no es auténtico. Es en estos momentos, cuando está a nuestro lado Kali, la Madre Oscura, animándonos a soltar, a dejar ir, dejar ir, dejar ir. A permitir que el ritmo natural de la tierra y nuestra propia medicina nos muestren el camino a casa.

Esto no quiere decir que no debas tener unos principios laborales sólidos ni que no luches por algo que amas, pero no te obceques ni combatas ciegamente creyendo que eso es lo que *debes hacer* o por miedo a no poder tener eso en tu vida. Ya no debemos permitir que nuestros miedos nos esclavicen ni nos enjaulen.

Hazlo porque eso es lo que deseas. Hazlo porque te da placer. Hazlo porque hace que te sientas viva. Hazlo porque te ilumina. Hazlo porque tu intuición te ha dicho que lo hagas. Hazlo porque enciende una chispa en tu corazón. Hazlo porque te enciende una hoguera entre las piernas. Hazlo porque eso es lo que has venido a hacer. Debemos dejar atrás nuestros patrones de querer agradar a los demás en todo momento. Debemos detener todos nuestros esfuerzos por ser la chica buena que sigue ciegamente y hace lo que se le dice. Debemos imponer nuestra autoridad utilizando nuestra intuición como brújula.

Debemos levantarnos como mujeres, no seguir como niñas.

Olvídate del qué dirán. Si cotillean, es una señal clara de que estás haciendo algo notable y bueno. Traza tu camino. Deja el polvo atrás. Ten el valor de vivir tu vida plenamente.

Recuerda la descripción de la virgen *(página 105)* como una mujer «una en sí misma». Las antiguas sacerdotisas eran consideradas vírgenes: mujeres soberanas e independientes que no podían ser poseídas ni atadas. Cuando reclamas tu poder de sacerdotisa, dejas de necesitar ser la chica buena y entras en tu estado de mujer. Pasas a ser una mujer una en sí misma. Algo que ya eres. Así que selo. Reclámalo. Iníciate como eso.

BRILLA, HERMANA, BRILLA

Si no te asustara lo que otras personas pudieran pensar, decir o hacer, ¿qué harías?

¿Cómo estás intentando agradar a todo el mundo o ser la chica buena?

¿Cómo puedes reclamar tu poder de sacerdotisa y ser una mujer «una en sí misma»?

△

QUEMEMOS LOS ARQUETIPOS

Como ya dije antes, durante demasiado tiempo las mujeres han estado limitadas a desempeñar dos arquetipos socialmente aceptables: la Virgen (la chica buena) y la Madre (nutricia, amorosa, protectora y desinteresada), sin espacio para nada intermedio. Podían ser madonas o rameras. Chicas buenas o zorras. Santas o brujas.

La resaca de todo esto nos ha obligado a hacer todo lo que estuviera en nuestras manos para encajar en los dos arquetipos aceptables, y a sentirnos avergonzadas por todo aquello que se saliera de ellos. La práctica de esforzarnos por mantener contenido nuestro lado oscuro debe terminar. Si negamos nuestra sombra, negamos también nuestra luz con todo su poder. De las cenizas del fuego surge Ella fénix.

No podemos ser auténticamente libres si hacemos todo lo posible por mantener oculta una parte concreta de nosotras. Tenemos que dejar de tener constreñida a la Mujer Salvaje por miedo a ser etiquetadas como «zorras» o «rameras».

Las «chicas buenas» van por la vida tragándose la rabia, tragándose el deseo, tragándose la vergüenza, tragándose el enfado, tragándose la sombra, tragándose muchos de los aspectos naturales, maravillosos, placenteros, apasionados, potentes y poderosos de ser una mujer. Cuando hacemos todo lo que está en nuestras manos para mantener todo eso contenido, no resulta extraño que acabemos experimentando estallidos de «zorra» o incluso de «ramera». Es imposible ser buena todo el tiempo. Y tampoco es sano. Cuando lo intentamos, nos separamos del gran poder que implica ser una mujer. El mundo necesita más mujeres adultas y menos mujeres que sean niñas pequeñas.

¿Y qué pasaría si quitáramos toda la vergüenza y el miedo que lleva aparejados? ¿Qué pasaría si consideráramos sagrada nuestra energía Shakti cruda, salvaje, loca y completamente natural en todas sus encarnaciones y expresiones? ¿Qué pasaría si reclamáramos las partes oscuras del ciclo lunar y creáramos espacio para que toda Ella pudiera estar aquí, si asumiéramos las partes feroces de Kali, Durga y Lalita de nuestra naturaleza femenina? ¿Qué pasaría si consideráramos todas las partes de lo femenino como sagradas? ¿Qué pasaría si todas las mujeres accedieran a su gran poder y a su sabiduría innata? ¿Qué pasaría si todas las mujeres decidieran levantarse? Pues que pondríamos en marcha una (r)evolución, ni más ni menos.

BRILLA, HERMANA, BRILLA

¿Cómo te estás conteniendo a ti misma?

¿En qué aspecto de tu vida recurres a ser una niña pequeña en lugar de una mujer poderosa?

¿Cómo puedes dejar expresarse más a tu ser loco, salvaje, apasionado, sexual, fiero y poderoso?

Su despertar
dio comienzo a una (r)evolución.

△

NO TIENES NADA QUE DECIR ACERCA DE LO QUE SOY

LOS MEDIOS DE COMUNICACIÓN y el mundo que nos rodea están constantemente intentando decirnos lo que somos. Si no estás realmente convencida de lo que eres, te derrumbarás y te conformarás con lo que la sociedad opina de ti. Tu auténtica naturaleza será sofocada, y eso sería una tragedia. Eres una obra de arte andante, has sido creada durante muchas vidas, así que no lo malgastes dejando que otros te definan.

Sé la autora de tu vida. Reclama lo que ya eres en toda tu potencia.

Para conceder a nuestra verdadera naturaleza el espacio y el alimento que necesita para levantarse, debemos mostrarnos vigilantes para crear una relación íntima con nosotras mismas. Debemos estudiarnos, convertirnos en expertas en Yo©. Si otras personas tienen una opinión sobre ti, no es más que eso, una opinión, la suya; una opinión matizada por el filtro a través del cual ven el mundo. Como hacedora de cambios, tú has elegido ver el mundo de una forma diferente. La mayor parte de la gente no es como tú. Las hacedoras de cambios cambian cosas, y el cambio resulta incómodo.

No debemos cejar a la hora de reclamar lo que somos, para que, cuando lleguen otras personas con sus juicios (y lo harán, sobre todo cuando estás marcando un camino), estés tan segura de tu identidad nuclear que no haya palabras ni energía suficientes para hacerte cambiar de rumbo. Nadie más que tú misma tiene nada que decir acerca de lo que eres.

BRILLA, HERMANA, BRILLA

¿De qué forma te ve la gente o dicen que eres
y tú no consideras que sea adecuada?

¿Quién has aprendido a ser que no eres realmente tú?

¿Quién eres tú realmente?

△

En las cenizas
fue donde ella encontró a su fénix.
Y la espera bien mereció la pena.

Δ

ASUME LO QUE ERES

Yo no soy la persona con la que duermo. No soy mi peso.
No soy mi madre. Soy yo misma.

Amy Schumer

No puedes desempeñar tu poder a menos que sepas quién eres y lo asumas. Los puntos fuertes y los débiles, la sombra y la luz.

Si no sabes lo que eres ni lo reclamas, pedirás permiso a los demás para ser lo que crees que podrías ser o desearías ser algún día.

Si estás absolutamente convencida de lo que eres, nadie excepto tú puede definir tu valía, quitarte tu poder, derribarte o decir lo que es posible.

Si asumes tu sombra, nadie podrá desafiarte, porque tú misma ya la habrás afirmado.

Entonces, ¿quién eres? Escribe una lista de diez cosas verdaderas acerca de tu luz y de tu sombra. Luz y oscuridad. Asúmelo TODO sin vergüenza.

LA LUZ (LO BUENO)   **LA OSCURIDAD (LA SOMBRA)**

Y una mañana no
diferente de cualquier otra.

Ella se encontró a sí misma en el espejo.
Ella se encontró a sí misma en el espejo.

Y le gustó
lo que vio.

△

ACEPTA TU «DEMASIADO»

El mundo necesita tu medicina, mujer.
Sarah Durham Wilson

No subestimes el poder de reclamar eso que se consideran tus debilidades. Si las entiendes correctamente, pueden ser lo más precioso de todo. En la mayoría de los casos, nuestras debilidades son en realidad precisamente aquello que está enmascarando nuestros dones exclusivos. No se pretende que nuestros dones exclusivos encajen perfectamente en un mundo lineal, por eso son exclusivos.

Piensa en esas partes de ti que ya has intentado hacer que encajen. Esas veces en las que te han acusado de ser «demasiado» algo. *Demasiado sensible, demasiado emocional, demasiado sexual, demasiado obstinada, demasiado honesta, demasiado franca, demasiado grande…* Este «demasiado» es una forma de decir que tu exclusividad es diferente y que te incomoda.

Pongamos que eres una persona «demasiado sensible». Puede que las muchedumbres y el estar constantemente con gente te agote y que por eso añores tener tiempo libre para ti. Puede que, cuando no atiendas esta necesidad, te muestres bastante gruñona, que la gente te llame egoísta, maleducada o lo que sea. Por eso intentas resistirte a ese anhelo de soledad, para encajar con el resto, para encerrar aquello que eres «demasiado». Con ello, esa cosa exclusiva tuya se convierte en aquello que tienes que «superar».

Pero ¿qué pasaría si eso que se considera una debilidad fuera en realidad tu punto fuerte? ¿Qué pasaría si ese anhelo de soledad fuera en realidad tu medicina? ¿Qué pasaría si, al darte la medicina que tanto anhelas, encontraras tu auténtico don para el mundo? ¿Qué pasaría si tu sensibilidad (o aquello en que tú eres «demasiado») no fuera algo que hay que arreglar, sino que fuera, en realidad, tu don? ¿Qué pasaría si fuera la soledad la que te llena y te permite hacer el trabajo para el que has venido?

¿Qué pasaría si lo que se considera tu debilidad fuera en realidad tu mayor don?

En un entorno poco apropiado —por ejemplo, trabajando en una oficina diáfana—, la sensibilidad y la necesidad de soledad podrían considerarse una debilidad. Sin embargo, en un entorno correcto —por ejemplo, pasar los días creando—, tu debilidad podría ser tu don exclusivo. Y si te administras la medicina que anhelas, este don exclusivo podría convertirse en medicina para el mundo.

En un entorno poco apropiado —por ejemplo, trabajando para una empresa poco ética—, tu naturaleza franca y que dice la verdad te causa problemas. Sin embargo, en un entorno correcto —por ejemplo, forjando una forma nueva de liderazgo ético gracias a tu arte para mantener con el mundo la conversación que quieres—, tu debilidad se consideraría un don.

Antes de empezar mi trabajo actual, el de ser una sanadora, maestra espiritual y escritora, me consideraba «demasiado sensible» o «demasiado sentida para todo». Sin embargo, desde que enfoqué toda mi vida hacia mi auténtica naturaleza y me administré la medicina que necesitaba, esas supuestas debilidades se convirtieron en mis puntos más fuertes.

Mi sensibilidad me permite escribir desde el corazón y captar las sutilezas más leves en la energía de mis clientes, empatizar y relacionarme profundamente con ellos. Mi anhelo de soledad era un anhelo de aquello que precisamente alimenta mi verdadera naturaleza. La soledad fue mi medicina. Al honrarlo, mi medicina se transmuta en medicina para los demás. Cuando estoy alimentada por la soledad, puedo sentir y oír las palabras que tengo para compartir, permitir que mi escritura y mis creaciones fluyan a través de mí. En la actualidad, todo mi negocio está construido sobre mis supuestas debilidades en aquellas partes de mí que eran «demasiado».

¿Qué te hace ser diferente de los demás?
¿Qué partes de ti has estado intentando cambiar para encajar en un mundo cuadriculado?

Si buscas a la profundidad suficiente, quizá descubras que tu mayor debilidad puede ser, de hecho, tu mayor fortaleza. Y, al vivir al servicio de ella, tu verdadera medicina se transformará en medicina para los demás.

BRILLA, HERMANA, BRILLA

¿De qué te han acusado de ser «demasiado»: demasiado sensible, demasiado testaruda, demasiado sexual, demasiado apasionada, demasiado emocional, demasiado honesta, con una presencia demasiado grande, demasiado desilusionada…?

Esa es tu fortaleza exclusiva.

¿Qué alimento te exige esa fortaleza exclusiva?

Esa es tu medicina.

¿Cómo puedes reorganizar tu vida para que tu medicina pueda transformarse en medicina para el mundo?

Ese es tu regalo para el mundo.

Mi fortaleza exclusiva es…

Mi medicina es…

Mi regalo para el mundo es…

$\triangle$

NO ES MALO SUAVIZARSE

No TIENES NECESIDAD DE SUFRIR para alcanzar el éxito. No tienes necesidad de luchar para que las cosas sucedan. No tienes necesidad de mantener la compostura en todo momento. Cuando te ablandas, te haces más fuerte. Cuando dejas de luchar tanto, estás más apoyada. Cuando dejamos de aferrarnos, lo que realmente estaba destinado a nosotras se quedará, y lo que no se irá.

Muchas de nosotras hemos aprendido a ascender en un mundo de hombres. Hemos aprendido a estar capacitadas en cosas que no se identificaban con lo que somos de verdad. Cada vez que hacemos estas cosas, perdemos un poquito de nosotras mismas. Cuanto más nos aferramos a una vieja forma de ser, más rígida se vuelve la vida y más probabilidades hay de que la torre se derrumbe.

Los días de tener que acoplarse a un modelo lineal para sobrevivir están llegando a su fin. Debemos ablandarnos para recuperar nuestra auténtica naturaleza y todas nuestras partes. Al ablandarnos y respetar nuestra auténtica naturaleza, cada una de nosotras trazará un camino nuevo sin ni siquiera intentarlo.

BRILLA, HERMANA, BRILLA

¿Qué estás intentando controlar o moldear según tu voluntad?

¿En qué has aprendido a ser buena y te está drenando?

¿Qué estás luchando por conseguir o en qué aspecto de tu vida estás forzando o controlando?

¿Qué está detrás de esa lucha, ese esfuerzo, ese control?

¿Cómo estás siendo llamada a suavizarte?

△

MADRE DIVINA

Gracias por ayudarme a liberar

todas las identidades viejas que ya no están de acuerdo

con lo que soy y con lo que he venido a ser.

Aunque reconozco y aprecio

cómo me han servido hasta ahora,

estoy aquí deseando liberar mi

apego a ellas para que pueda emerger

mi auténtica naturaleza cada vez más.

Y así es.

△

LAS IDENTIDADES VIEJAS Y LO QUE YA NO ES SOSTENIBLE

A TODAS SE NOS ESTÁ pidiendo que afrontemos aquellas partes de nuestra vida que ya no son sostenibles.

Esos métodos de supervivencia que quizá en el pasado nos fueron de enorme utilidad, pero que ya han caducado.

Esas formas aprendidas de ser que, en el fondo, ya no responden a nuestros mejores intereses.

Esas partes de la sombra del alma que permitimos que definan lo que somos.

Esas identidades que ya no se identifican con lo que somos hoy en día o que ya no necesitamos.

En esta petición de transformación, es fundamental tener claro qué identidades estamos dejando atrás para así cambiar el programa y las circunstancias. Estoy preparada para dejar de ser la que antepone el servicio a los demás al servicio a mí misma, la que recarga demasiado su jornada y tiene siempre la sensación de que no hace lo suficiente, la que se mueve por presión y no por placer, a la que no le gusta hacer ejercicio físico, la que siempre intenta agradar a todo el mundo y la perseguida. Todas esas identidades y formas de ser ya no son sostenibles. No hay sitio para ellas. Han llegado a su fecha de uso preferente. Han expirado. Adiós.

¿Y tú qué?

¿Qué se está derrumbando? ¿Qué deberías sacar de raíz? ¿Qué parte de ti te resulta cada vez más difícil de amarrar? ¿Qué es lo que te parece cada vez menos importante? ¿Cómo está intentando la vida cambiarte? ¿Qué está listo para pasar a la siguiente fase? ¿Qué se está apartando de ti? ¿A qué te resulta agotador aferrarte? ¿Qué solía ser importante para ti, y ahora ya no lo es tanto? Si no tuvieras miedo de que no viniera nada a sustituirlo, ¿qué liberarías?

BRILLA, HERMANA, BRILLA

¿Qué se está derrumbando?

¿Qué formas de ser ya no resultan sostenibles?

¿Qué identidades estás preparada para dejar ir?

¿En qué tiene que cambiar tu vida para que puedas acomodarte a dejar ir esto?

△

Aunque en el pasado le sirvió,
ella se negó a permitir que su magia siguiera
contenida, retenida
o detenida por más tiempo.

△

ABUELA LUNA

Deseo que dejemos de aferrar y abramos nuestro corazón.
Deseo que liberemos todo aquello que ya no sea un emparejamiento
vibratorio.
Deseo que nuestro corazón esté abierto, ancho y lleno.
Deseo que nuestros brazos y nuestra mente permanezcan abiertos para
que aquello que está de camino pueda llegar pronto.
Deseo que nuestra boca sea utilizada como un vehículo de verdad,
integridad y paz.
Deseo que nuestras creaciones viajen, que prendan proyectos nuevos,
que nuestras oraciones más hondas sean escuchadas y que nuestros
corazones sean sostenidos por la fuerza misteriosa que sencillamente es.
Y así es, y así es, y así es.

TERCERA
PARTE

RECORDANDO NUESTRA NATURALEZA CÍCLICA

Ella era una con la tierra
Y la tierra era una con ella.

△

ESTÁS CONECTADA CON EL ESPÍRITU

Tu propósito es ser un espíritu encarnado, enraizar tu consciencia despierta en la tercera dimensión. La tierra es un ecosistema sagrado y no solo constituye nuestro hogar, sino que también nosotras somos una parte importante de ella. Cada vez que nos resistimos a nuestra auténtica naturaleza, que dudamos de nuestra intención, que renunciamos a nuestro poder, que cuestionamos nuestra valía o que retenemos lo que está despertando en nosotras, dejamos de fluir con la Vida.

Miles de millones de años pasaron antes de ti y miles de millones vendrán después. Tú decidiste estar aquí en este preciso momento. En este momento de cambios significativos. En este momento de turbulencia. En este momento de gran potencial para producir giros significativos en la consciencia. En esta era de luz. El hecho de que estés aquí no es ninguna coincidencia.

Todo lo que le hacemos a la tierra nos lo hacemos a nosotras mismas. Nos hemos desconectado, como especie, de nuestra Madre. Nos hemos salido de sus ciclos rítmicos naturales y de su flujo. La Madre Tierra no nos necesita para sobrevivir, pero nosotras en cambio sí la necesitamos a ella.

Lo que le sucede a una les sucede a todas.

Cuando una de nosotras se entrega a su auténtica naturaleza, a las demás les resulta más fácil entregarse a la suya.

△

No importaba qué lugar
ocupara en el mundo,
ella siempre encontraba
su auténtica naturaleza en la naturaleza.

△

ENCONTRARÁS TU AUTÉNTICA NATURALEZA EN LA NATURALEZA

En los bosques encontrarás mucho más que en los libros.
Los árboles y las piedras te enseñarán lo que jamás aprenderás
de los maestros.

SAN BERNARDO

YO ME CRIE EN AUSTRALIA, junto al mar. Los coches de la calle se oxidaban rápidamente por culpa del aire salado. Echando la vista atrás me doy cuenta de cómo la brisa marina también limpió, liberó y regeneró mucho en mí. Solía tener los pies en la arena casi todo el día. Y, si no, estaban en las rocas o en la hierba. La naturaleza constituyó una parte inmensa de mi vida, pero yo no le daba importancia.

Cuando me mudé a Londres, todo mi cuerpo lamentó la pérdida del agua salada. Empecé a ansiarla como si fuese una droga. Solía echar cubos de sal marina en el baño y en la comida, pero lo que echaba de menos no era la sal, sino la presencia del elemento salvaje en sí mismo. Sobre mi piel, revolviéndome el pelo con las olas batiendo a través de mis piernas. Sin embargo, tenía una vida muy ocupada que no me dejaba tiempo para reflexionar sobre lo que hacía que mi corazón tuviera la sensación de que estaba poco a poco cerrándose.

Cuando mi vida se vino abajo en el 2011, recuerdo que estaba en el suelo de mi apartamento, que acababa de empezar a inundarse. Rompí a llorar y las tuberías estallaron al unísono. El agua era mi mensaje, el que me decía que mi forma de vivir no podía continuar. De rodillas, recé pidiendo orientación. Supe que algo tenía que cambiar. Recurrí a mi intuición y esta me indicó que debía seguir aquello que me encendiera y me devolviera a la naturaleza. Y, sin duda, a mi propia naturaleza.

Descubrí los parques londinenses, las rosaledas y las guardianas de la sabiduría con forma de árboles. Cuando me di permiso para estar en armonía con la naturaleza, sentí que volvía a la vida. Cuando me di permiso para ver de verdad la naturaleza que me rodeaba, empecé a verme a mí misma reflejada. Cuando me di permiso para ser conducida por la naturaleza, me conecté de nuevo con mi brújula interior. Cuando me di permiso para percibir y escuchar a la naturaleza, empecé a oír los susurros de mi alma. Cuando me di permiso para dejarme sostener por la naturaleza, descubrí que estaba siendo sostenida por la Vida en su conjunto.

No importa lo desconectada, confusa, perdida, rota, traicionada o dolida que te encuentres, siempre podrás encontrar tu auténtica naturaleza en la naturaleza.

La naturaleza es un espejo vivo, que respira, de lo que somos. Nos vemos como algo exterior, cuando, en realidad, formamos parte de ella. Nos enseña cómo ser humanos en cada momento de cada día. La rosa nos anima a abrir y suavizar nuestro corazón. El roble nos enseña a echar raíces profundas para poder elevarnos. La arena nos asegura que la transformación es inevitable y que siempre estamos cambiando de forma. El franchipán nos recuerda la dulzura de la vida. La concha susurra secretos olvidados hace mucho tiempo. La mariposa nos demuestra que hay vida después de una pérdida. El volcán nos dice que, si nos vamos tragando las cosas, al final explotaremos. Seas quien fueres, encontrarás tu auténtica naturaleza en la naturaleza.

Las plantas, los árboles, las rocas y la tierra que tenemos bajo nuestros pies contienen sabiduría, pero no podremos descubrirla a menos que nos conectemos y escuchemos. La Madre Tierra está constantemente susurrando, esperando

que nos conectemos con sus secretos. Los antiguos lo sabían. Ha llegado el momento de que todos nosotros lo recordemos.

Cuando te conectas con la naturaleza, te estás conectando con la Vida en su conjunto, el todo de todo momento posible. Si te conectas con la naturaleza a diario, despertarás tus sentidos lo suficiente como para percibir los cambios sutiles que se van produciendo en tu vida. Si te centras en las sensaciones que te genera el estar en la naturaleza —la tierra bajo tus pies, el perfume del aire, el sol en tu cara, el agua sobre tu piel, las flores que se abren para ti en todo su esplendor—, activarás tu cuerpo sintiente. Cuando este cuerpo se activa, tu alma puede enraizarse en tu cuerpo. Aquí es donde los susurros del alma pueden escucharse con más claridad y donde las ideas divinas consiguen aterrizar en tu regazo.

La naturaleza está siempre presente. Nosotras somos las que no lo estamos. Cuando dedicas un momento a *estar* de verdad en ella, descubres la cantidad de regalos que te ofrece a cada momento del día.

PRÁCTICA: PASEO INTUITIVO POR LA NATURALEZA

Mi herramienta favorita para incrementar mi intuición y entrar en el flujo de la Vida es pasar un tiempo en la naturaleza practicando lo que yo denomino «paseo intuitivo por la naturaleza». Lo único que necesitas es encontrar un sitio grande —a ser posible un parque, una playa, un bosque o una zona de matorrales— y dejar que te mueva la Shakti de la Vida.

Camina y deja que te mueva sin sentir ningún apego por el resultado.

Si te sientes conducida hacia un árbol grande, camina hacia él. Si te sientes conducida a tumbarte sobre la tierra, túmbate. Si te sientes guiada a trepar por una roca, trépala.

Observa la belleza que te rodea. Deja que la naturaleza te mueva. Confía en el proceso y deja que la naturaleza te guíe intuitivamente hacia tu hogar.

BRILLA, HERMANA, BRILLA

Da un paseo intuitivo por la naturaleza. Sal, pon la alarma del reloj para dentro de veinte minutos y déjate llevar por la Shakti de la Vida.

Δ

El cayeputi de su infancia
susurraba historias acerca de la naturaleza
cíclica de dejar ir.

Su mensaje ha permanecido constante
durante tres décadas y un tercio.

Ella, sin embargo, tuvo que dar más vueltas a la
tierra
que dedos tenía en las manos antes
de conseguir escucharlo al fin.

△

CUANDO LOS SUSURROS SE CONVIERTEN EN GRITOS

¿POR QUÉ SENTIMOS la necesidad de conquistar la naturaleza? De poseerla. De amoldarla a nuestra voluntad. Nos consideramos civilizados; sin embargo, no es civilizado destruir nuestro propio hábitat. No es civilizado destruir precisamente aquello de lo que dependemos para respirar, beber y comer. No es civilizado descuidar a los débiles y a los pobres. No es civilizado provocar daño a nuestra especie. ¿Qué ha sucedido con nuestra naturaleza humana? Nos consideramos aparte de la naturaleza, pero no lo somos. Nos consideramos aparte de la tierra, consideramos que vivimos sobre ella, pero nuestro cuerpo es la tierra misma.

Intentamos poseer este planeta y cada uno de los bancales de tierra. Sin embargo, nunca han sido algo que podamos reclamar como propio. Si no dejamos de hacerlo pronto, seremos otra tierra antigua hundida y olvidada. No sé si a ti te pasa lo mismo, pero yo estoy demasiado cansada de que lo hagamos una y otra vez. Aprendamos de los antiguos, de su sabiduría y de sus errores.

Todo aquello que le hacemos a la tierra, en realidad nos lo estamos haciendo a nosotras mismas. Cuando vemos que talan un árbol, deberíamos ver que están derribando a un amigo. Cuando tiramos la basura, deberíamos verlo como si lo estuviésemos haciendo en nuestro hogar. Creo que podemos dar la vuelta a la situación. Todavía podemos crear el cielo en la tierra.

BRILLA, HERMANA, BRILLA

¿Cómo te está susurrando la Madre Tierra? ¿Cómo te está guiando para que actúes en su nombre?

$\triangle$

SUSURROS DE LA MADRE TIERRA

L A Madre Tierra está siempre susurrándote. Contándote los secretos de tiempos pretéritos y guiándote en todos los momentos de cada día. Si alguna vez te sientes atascada, sal y deja que ella te acoja en sus brazos. Tiene muchísimo que contarte y puede aliviarte en un santiamén.

PRÁCTICA: SUSURROS DE LA MADRE TIERRA

Pon el teléfono en «no molestar», estate plenamente presente en el momento y conéctate con la Madre Tierra.

Ve a tu parque favorito, siéntate debajo de tu árbol favorito, escala tu montaña favorita, camina por tu playa favorita. Pide a la Madre Tierra que te hable y estate preparada para captar sus susurros. Puedes hacerle una pregunta o dejar tu mente abierta.

Respira hondo y date permiso para escuchar su murmullo en lo más profundo de tu corazón; apunta sus palabras de sabiduría en tu teléfono o en un cuaderno. Puedes recibirlas en palabras sueltas o como un sentimiento.

Imagina que cada una de ellas es un hilo dorado del que tiras con mucha suavidad. Comparte los susurros de la Madre Tierra publicándolos en Instagram con las etiquetas #WhispersFromMotherEarth y #RiseSisterRise.

△

TU RELACIÓN CON LAS ESTACIONES

L A TIERRA ES SINTIENTE. Cuando inspira y exhala, todo el planeta hace lo mismo. Posee su propio latido cardíaco, su propio ritmo natural, constituido por las estaciones. Cuando los árboles sueltan sus hojas, nosotros también nos vemos impulsados a soltar.

La forma en la que se ha desarrollado el mundo moderno ha hecho que muchísimos de nosotros nos desconectemos de los cambios sutiles de ritmo que traen consigo las estaciones, que nos desconectemos poco a poco del latido del planeta y, con ello, del flujo de la Vida. Muchísimos de nosotros pasamos el día en oficinas brillantemente iluminadas con la misma temperatura durante todo el año. Nuestro cuerpo echa en falta su dosis diaria de luz natural y el contacto equilibrador de la tierra desnuda bajo nuestros pies.

No desdeñes el poderoso efecto de la consciencia estacional y el contacto físico con la tierra para ayudar a tu cuerpo a fluir de nuevo. La naturaleza y sus estaciones están esperando para devolvernos la armonía con nosotros mismos, con la tierra y con el Universo en su conjunto.

Llevaba casi diez años viviendo en el Reino Unido cuando por fin comprendí la importancia de las estaciones y la necesidad del invierno. Nací en primavera y me gusta el clima cálido. Cada diciembre, cuando se encendían las luces de Navidad, ahí me habríais visto arrastrando un enorme maletón hacia el aeropuerto más cercano para boicotear el invierno y escapar a algún lugar soleado.

Sin embargo, al evitar el invierno, impedía a mi cuerpo recibir los regalos del descanso y el rejuvenecimiento que traen consigo los meses más oscuros. No estaba atizando mi fuego interior. Cuando llegaba la primavera, yo carecía de la claridad y la energía nueva que esta nos ofrece. Al no contar con las reservas abundantes que se necesitan para volver a salir al mundo, mi cuerpo caía en un profundo agotamiento y tenía que recurrir a la cafeína para seguir en movimiento. Le echaba la culpa al exceso de comida de las vacaciones o al desfase horario, pero al final acabé dándome cuenta de que mis estaciones internas estaban reclamando atención a gritos.

Durante un periodo de diez años, hubo uno en el que me quedé y dejé que el invierno obrara su magia. Un año antes había roto con un compañero con el que llevaba muchos años y él se había vuelto a Australia. Sabiendo que estar en el mismo país que él no iba a resultarme beneficioso, me enclaustré en mi apartamento de Notting Hill para pasar un invierno largo y solitario. Para empeorar aún más la situación, todos mis amigos habían abandonado la ciudad y yo me había quedado sola para las vacaciones. Los días eran oscuros; las noches, largas y frías. Apenas salí de casa, salvo para armarme con una *pizza gourmet* del restaurante italiano, un poco de chocolate negro y una botella de cabernet sauvignon. Fue el peor y el mejor periodo de mi vida.

Durante esos días y noches oscuros, envuelta en una manta y bien abrigada con ropa térmica, bajé totalmente a mi roca base. Y allí fue donde me encontré a mí misma. En aquellas semanas, cuando daba la impresión de que toda la ciudad había entrado en hibernación, avivé las llamas de mi luz interior y al fin tomé la decisión de dejar mi trabajo, seguir mi pasión y empezar una vida nueva. Si no hubiera permitido la presencia de la oscuridad y de los vientos desapacibles de mi invierno interior, quizá no habría encontrado la potente claridad que estos me aportaron.

Desarrolla una relación con el cambio de las estaciones. Observa la esperanza y la inspiración de la primavera; la celebración, el resurgir y la conexión exterior del verano; el derrumbamiento y la suelta de amarras del otoño, y el reaprovisionamiento, la claridad, el descanso, la rendición y la potencia del invierno.

BRILLA, HERMANA, BRILLA

Haz una lista de las estaciones según tu orden de preferencia.

Contempla tu estación menos favorita y pregúntate lo siguiente: ¿qué regalos que mi cuerpo y mi alma están anhelando tiene para mí esta estación?

△

HONRAR TU RITMO INTERIOR

Cuando estás aquí cumpliendo una misión y escuchas la llamada del espíritu que te indica que debes cambiar cosas, resulta fácil adoptar un estado de resistencia. Yo lo he hecho una y otra vez. He puesto el hecho de estar de servicio por delante de las necesidades de mi cuerpo. Esto no puede seguir así. Si queremos hacer el trabajo de cambiar, debemos ser sostenibles.

Si estamos luchando o forzándonos, dejamos de fluir con el ritmo natural del planeta. Si nos salimos del flujo de la tierra, no solo nos complicamos las cosas a nosotras mismas, sino que también provocamos tensión en el planeta. Tenemos que dejar de forzarnos y de presionarnos. Estamos aquí para hacer el trabajo de una vida, no de una estación. No te quemes ya. Se te necesita para más tiempo. Es el momento de honrar profundamente estos ciclos y de dejar de esperar que sucedan cosas y que estemos siempre activas (en modo verano).

Si te fuerzas a estar siempre produciendo, tu pozo creativo se secará muy pronto. Es imposible desplegar la potencia del trabajo que has venido a desarrollar si estás intentando florecer. No dejes que los demás te presionen para hacer más cosas. Solo tienes que estar a la altura del mundo que te rodea si eliges competir.

Hay una época perfecta para todo. Si el tulipán brota en el corazón del invierno, los vientos cortantes no le darán la oportunidad de vivir. Perderá sus pétalos flexibles y la escarcha implacable lo quemará. Si intenta resistir hasta el final del verano, se agostará y secará.

Si la flor del cerezo se impacientara y se obligara a salir porque ya lo han hecho los narcisos, nos perderíamos ese momento mágico en el que, de repente, su aroma suave y sutil impregna totalmente el aire tibio del atardecer.

Confía en el flujo natural de tus estaciones interiores y no intentes forzarte a florecer durante todo el año. Hay momentos para sembrar, momentos para florecer y momentos para retirarse y entrar en hibernación. Hay espacio suficiente para que todas podamos resurgir en el momento perfecto para cada una.

Lo que para otra persona es el verano, para ti podría ser el invierno. Sin embargo, al llegar la primavera, las posiciones se invierten. Confía en tus estaciones interiores y recuerda: año tras año, la primavera nos trae de nuevo la alegría.

MANTRA DE #RISESISTERRISE

Honro mis estaciones interiores y confío plenamente en mi ritmo interior. No hay prisa. Resurgiré en el momento perfecto.

BRILLA, HERMANA, BRILLA

¿Respetas las estaciones de tu vida o intentas florecer durante todo el año?

EL MISTERIO DE ELLA

Su corazón estaba conectado con las flores.

Cuando estas se abrían, ella hacía lo mismo.

Su voz estaba conectada con los pájaros.

Cuando estos cantaban, ella hacía lo mismo.

Su sabiduría estaba conectada con los árboles.

Cuando estos susurraban, ella hacía lo mismo.

Su seno estaba conectado con la luna.

Cuando esta crecía y menguaba, ella hacía lo mismo.

Sus apegos estaban conectados con las mareas.

Cuando estas soltaban, ella hacía lo mismo.

Sus pasiones estaban conectadas con el fuego.

Cuando este se avivaba, ella hacía lo mismo.

Sus ojos estaban conectados con todo el cielo.

Cuando este veía con claridad, ella hacía lo mismo.

Sus emociones estaban conectadas con los ríos.

Cuando estos fluían, ella hacía lo mismo.

Su espíritu estaba conectado con las estrellas.

Cuando estas brillaban, ella hacía lo mismo.

Su alma estaba conectada con todo el Universo.

Cuando este se expandía, ella hacía lo mismo.

△

TU CICLO MENSUAL ES TU MAESTRO

El útero no es un lugar en el que almacenar el miedo y el dolor.
Es un lugar para crear y dar vida.

DECIMOTERCER RITO DEL MUNAY-KI: EL RITO DEL ÚTERO

ALGUNAS MUJERES NO TIENEN ningún problema de dolor menstrual.
Yo no soy una de ellas. Desde que tenía catorce años, mis menstruaciones han sido una auténtica tortura. La mayoría de los meses me tenía que encoger en postura fetal, debilitada por las terribles puñaladas, retortijones y grandes dolores que brotaban de mi útero. Algunas mañanas me despertaba con la sensación de que me estaban abriendo en canal desde dentro. He tenido que llamar al trabajo y dar alguna excusa para no ir. No podía de ningún modo recurrir a mi calidad de mujer como excusa; eso habría sido admitir una debilidad, o eso era lo que creía por aquel entonces.

Yo me preciaba de tener un umbral del dolor muy alto y sencillamente aceptaba el dolor (endometriosis) como una parte de la vida que tenía que aguantar y tragar. Formaba parte del hecho de ser mujer. Si hubiera experimentado el mismo dolor sin tener la menstruación, habría ido corriendo al hospital cada mes.

Para una persona tan consciente como yo, era una actitud de lo más impropia. En cualquier otro trastorno, investigaba mi cuerpo: acudía a un kinesiólogo, cambiaba de dieta, hacía EFT (técnica de liberación emocional). Cualquier cosa que me sugerían, la probaba. Lo que fuera para aprender la lección y librarme del dolor. Sin embargo, en lo que se refería a mi útero, era como si una parte de mí me dijera: «Es lo que te ha tocado, es lo que tienes que soportar porque eres una mujer». Por eso, cuatro días al mes mi cuerpo entraba en modo supervivencia. Me lo tragaba y silenciaba los lamentos que mi cuerpo ansiaba soltar. Y cada año que pasaba, el dolor se hacía más fuerte; mi útero estaba esforzándose cada vez más por llamar mi atención. Soporté casi veinte años de una tortura mensual creciente antes de permitirme finalmente escuchar lo que Ella estaba intentando decirme.

El dolor menstrual es la forma en la que nos habla el útero, lo femenino intentando llamar nuestra atención. Está relacionado con nuestro linaje, tanto familiar como del alma, y por eso muchas de nosotras cargamos con dolor y miedo procedente de tiempos pasados, nuestros y de aquellas que nos antecedieron (línea ancestral). La ira no expresada, la rabia y el recuerdo de tiempos en los que a las mujeres y a nuestros cuerpos les sucedían cosas que no eran correctas. En mi trabajo he observado que muchas de las mujeres que han venido para hacer el trabajo del resurgir de lo femenino sufren mucho con la menstruación. Es el momento de curar el dolor, la vergüenza y el sufrimiento que acarrea la conciencia colectiva femenina.

Mi ciclo ha sido un maestro muy valioso y una herramienta de autodesarrollo. Pensar en todo el tiempo que estuve ignorándolo me causa una gran tristeza, y el hecho de que no aprendamos esto en el colegio me enfada mucho. Además, que tantas de nosotras sintamos vergüenza y repugnancia por algo tan normal y una guía tan potente me deja anonadada. El ciclo femenino debería ser celebrado, no acallado y ocultado. Cuando entramos en el flujo de los ciclos de nuestro cuerpo, nos entregamos a una danza magnífica con la Vida en su conjunto.

La directora ejecutiva del primer trabajo que tuve después de salir de la universidad era toda una fuerza motriz, una de las pocas mujeres situadas en la cúspide de la industria y mi primer modelo femenino en el mundo empresarial. Una tarde me encontró arrodillada por el dolor que me estaba provocando la menstruación. Me horrorizó que me hubiera pillado, pero ella me confesó que sufría igual. Me dijo que la acupuntura y la medicina china le habían ayudado algo, pero que, aun así, había tenido que renunciar a algunos trabajos importantes porque sabía que todos los meses estaría cinco días sin poder rendir en condiciones. Ese día compartimos un momento de profunda hermandad de mujeres y un dolor conjunto por el coste de un sistema corporativo patriarcal que no honraba la naturaleza cíclica de nuestros cuerpos.

En la antigüedad, cuando las mujeres tenían el periodo, se retiraban a una «tienda roja» mientras estaban sangrando. Se creía que, en esos momentos, eran más potentes y estaban más cercanas a la Diosa. La mayoría de ellas sangraban de forma sincronizada, por lo que eran unos días en los que las mujeres podían descansar, conectarse, rejuvenecerse, sanar, soltar y sangrar en nombre de la comunidad. Podían compartir historias y se formaba una hermandad sagrada. Yo creo que, en el nivel más básico, esto es algo que las mujeres de nuestra época añoran profundamente sin darse cuenta de ello. Compartiendo historias es como se transmite la sabiduría y la manera de conectarnos con nuestras hermanas como «nosotras», no como «ella contra mí».

La aparición de emprendedoras que dirigen desde casa negocios por internet y de empresas que ofrecen la posibilidad de trabajar de forma no presencial constituye un gran paso para darnos la libertad de honrar nuestro cuerpo y priorizar nuestro bienestar. De todas formas, como mujeres que hemos trabajado en el mundo empresarial, debemos tener cuidado de no limitarnos a asumir los modelos corporativos patriarcales ya existentes y no ponerlos en práctica también en nuestros negocios desde casa. Tenemos que crear modelos nuevos de trabajo que honren la naturaleza cíclica de nuestro cuerpo.

Yo no programo sesiones con clientes, entrevistas ni reuniones en los días que estoy sangrando porque sé que es entonces cuando mi sabiduría es más potente (*en la página 160 encontrarás más información sobre esto*). En esos días me encierro y me dispongo a recibir el plan del mes siguiente con claridad concisa acerca de las decisiones que tengo que tomar y preparada para recibir descargas completas.

Son muchas las mujeres que albergan en su útero emociones no expresadas, como miedo, dolor, ira y aflicción. A menudo ni siquiera son nuestras, sino más bien algo que hemos heredado a través de nuestro linaje ancestral de tiempos pretéritos, cuando las mujeres no teníamos más elección que contener nuestra sexualidad, nuestro poder, nuestra sabiduría, nuestra rabia y nuestra voz; cuando nuestros cuerpos no eran nuestros; cuando nos arrebataban a nuestra Shakti en lugar de honrarla.

Conozco a muchas mujeres que están haciendo el trabajo de lo femenino y a las que su útero les ha hablado a través del dolor menstrual físico, la endometriosis, los ovarios poliquísticos y otros trastornos. Es como si acarrearan el dolor y el sufrimiento no solo de su linaje, sino también de todas las mujeres.

Lo que espoleó la sanación de mi ciclo femenino fue recibir el decimotercer rito del Munay-Ki: el rito del útero. Se lo transmitieron a la chamana Marcela Lobos en el 2014 las mujeres de una tribu peruana llamada munay-ki, un linaje que se ha liberado del sufrimiento. Estas mujeres quieren que todas recordemos lo siguiente:

«El útero no es un lugar en el que almacenar el miedo y el dolor. Es un lugar para crear y dar vida».

Cuando una mujer ha recibido el rito, se la anima a que lo comparta con otras. Si quieres más información acerca de cómo recibir el rito del útero, consulta la página web www.riteofthewomb.com.

BRILLA, HERMANA, BRILLA

¿Qué relación tienes con tu menstruación?

¿Qué está intentando decirte tu útero?

Si sufres dolor, ¿de quién es ese dolor que albergas?

¿De qué está intentando librarte tu útero?

▲

LAS CUATRO ETAPAS DE LA FEMINEIDAD Y CÓMO LIBERAR EL PODER DE LA MENSTRUACIÓN

Sangro todos los meses y no muero.
¿Cómo es posible que no sea mágica?

NAYYIRAH WAHEED

LA DONCELLA, LA MADRE, la Mujer Salvaje y Sabia y la Anciana representan las cuatro etapas fundamentales del recorrido de las mujeres a lo largo de su vida.

Estos periodos de transición suelen estar marcados por cuatro acontecimientos significativos y que nos cambian la vida: la menstruación, el sexo o el matrimonio (o la vida en pareja), el parto y la menopausia. En la antigüedad, también estaban marcados por ceremonias y rituales que daban entrada a cada nueva etapa de la vida, es decir, las mujeres eran iniciadas en cada fase de la femineidad. Hoy en día, rara vez se honran estas transiciones de una forma sagrada y por eso muchas de nosotras no somos capaces de entrar plenamente en nuestra femineidad. Este periodo de la historia necesita mujeres enérgicas en su poder que hayan atravesado el umbral de la infancia y hayan sido iniciadas como mujeres.

Nuestro ciclo menstrual está conectado con las fases de la luna, y todos los meses, a medida que esta va creciendo y menguando, también nuestro cuerpo va pasando por los cuatro arquetipos de la mujer. Como la luna controla nuestros ciclos, cuanta más atención prestemos a la armonización de estos ciclos mensuales, más sincronizadas nos sentiremos con el Universo y con la Vida en su conjunto.

Pasar todas las etapas de la femineidad cada mes podría producirnos la sensación de que nos están dejando en la estacada. Sin embargo, si empezamos a ver este proceso como una invitación a reclamar cada mes todos los aspectos de lo que somos como mujeres, la cosa cambia. De este modo, tu menstruación se convierte en una iniciación mensual para profundizar en tu potencia como mujer sabia, creativa y poderosa. Antes de empezar a trabajar en mi ciclo, era como si me volviera loca todos los meses. En un momento dado estaba contenta y emocionada con el futuro y al instante siguiente me sentía sensible y quería esconderme del mundo; una semana era atenta y alentadora y a la siguiente quería quemarlo todo. Cuando nos sintonizamos con los cambios significativos y sutiles que nos provoca nuestro ciclo cada mes y con cómo cada una de estas etapas se relaciona con un arquetipo distinto de lo que significa ser mujer, todo resulta mucho más lógico (y te sientes mucho menos loca).

Si trabajas con tu ciclo, podrás despertar el poder no explotado que quizá no sabías que poseías y sintonizarte con la intensa sabiduría femenina a la que todas las mujeres tenemos acceso.

Estas son las cuatro etapas femeninas principales de la femineidad y su relación con nuestros ciclos mensuales.

1. La Doncella (antes de la ovulación)

La Doncella es joven, entusiasta, fuerte, independiente, decidida, excitable, esperanzada, valiente, llena de energía, ilimitada y positiva. Está llena de ideas y emocionada por el futuro. Lo que le falta en edad lo compensa con entusiasmo y gusto por la vida. La Doncella es la virgen, la parte inocente de nosotras que encuentra posibilidades en todo. Es una mujer «una en sí misma». Ve magia por todas partes.

Sombra de la Doncella: Ingenua; centrada en sí misma; impresionable; inexperta; carente de confianza en sí misma; con demasiadas ideas; dedica mucho tiempo a pensar; se le da bien empezar cosas, pero carece de la motivación suficiente para terminarlas; llena de esperanzas y grandes ideas, pero se desanima con facilidad porque todavía no las tiene lo suficientemente enraizadas; tiene tendencia a comprometerse en exceso, dice que sí porque se emociona demasiado o no quiere perderse nada.

Estación: Primavera (llena de posibilidades).

Elemento: Aire.

Fase de la luna: Creciente/luna nueva.

Rito de paso: Menarquía (tener la menstruación, convertirse en mujer).

Ídolos: Brighid, Atenea, Sacerdotisa, Ostara, Perséfone.

Notas para resurgir

Es el momento de tener un montón de ideas, de jugar y soñar sin restricciones con lo que podría ser. Escribe tus sueños, haz planes, el límite es el cielo.

2. La Madre (ovulación)

La Madre es nuestra parte fértil, aquella que da a luz cosas de verdad al mundo. Es compasiva, protectora, nutricia, devota, comprensiva, estimulante y tiene un gran corazón. Es amorosa y maternal, pero también está decidida a hacer lo que sea necesario para llevar a cabo el trabajo. Puede asumir la energía y el entusiasmo de la Doncella y convertirlos en acción focalizada. Es capaz de alumbrar al mundo tanto la vida como las creaciones. Manifiesta el pensamiento y el concepto y les da forma.

Sombra de la Madre: Sobreprotectora, asfixiante, se olvida de cuidar de sí misma, controladora, codependiente, abandono, agotamiento, no sabe parar a tiempo, hace que los demás se sientan culpables de no necesitarla.

Estación: Verano (todo es fecundo).

Elemento: Fuego.

Fase lunar: Luna llena.

Ritos de paso: Matrimonio (o vida en pareja) y alumbramiento (tanto de la vida como en sentido más metafórico, por ejemplo de una creación).

Ídolos: Isis, Gaia, la Virgen María, Hathor, Quan Yin, Amma, Demeter, Rea.

Notas para resurgir

Es probable que en este momento te sientas mejor que nunca y tengas un aspecto envidiable. Es la época ideal para comprometerte con lo que está surgiendo en ti y para proponerte hacerlo realidad. Lanza el programa, escribe el libro, organiza el evento.

3. La Mujer Sabia y Salvaje (premenstrual)

La Mujer Sabia y Salvaje es desinhibida y sabia. Ha recorrido las etapas de Doncella y Madre, sabe quién es y no tiene miedo de mostrarlo. Se la conoce también como la Curandera o la Sanadora, está en contacto con su medicina interior y su magia y es reconocida por ellas. Conoce su valía, se guía por su intuición y recurre a ella con regularidad.

Posee un cierto grado de crueldad porque es capaz de descifrar lo que es importante y lo que no. No puedes ponerle una venda delante de los ojos porque conoce su poder y exige tu respeto. Si la fuerzas o no la respetas, reaccionará y el resultado podría no ser agradable. Es fiera. No

tiene miedo de lo que puedan pensar los demás. No le asusta hacer lo
que haga falta para conseguir lo que desea.

> **Sombra de la Mujer Salvaje:** Loca, cruel, enfadada, envidiosa, ven-
> gativa, impaciente, tajante, el fin justifica los medios.
> **Estación:** Otoño (las cosas se están derrumbando).
> **Elemento:** Agua.
> **Fase lunar:** Luna menguante.
> **Ritos de paso:** Pérdida o duelo significativo, como una muerte, la
> pérdida de un trabajo, una separación, un final emocional, el
> abandono del hogar por parte de los hijos; el regreso de Satur-
> no, siendo iniciada por un mentor o un maestro.
> **Ídolos:** Artemisa, el Lobo, Kali, Tara, Saraswati, la bruja, la sanado-
> ra, la curandera.

Notas para resurgir

Es el mejor momento para soltar, para pulir, perfeccionar y refoca-
lizar. Baila, canta o haz cualquier cosa para expresar y transmutar tus
sentimientos en pasión. Es un momento estupendo para eliminar el des-
orden de tu vida, negociar con vehemencia, proteger tus límites y crear
un trabajo potente y auténtico.

4. La Anciana (menstruación)

Las sociedades antiguas veneraban a la Anciana, pero hoy en día no
recibe el respeto que merece. Es la guardiana de la sabiduría, la que posee la perspectiva suprema y ya no tiene que demostrar nada. Es capaz
de ver con absoluta claridad y de aconsejar de una forma desinteresada,
porque no tiene ningún motivo ulterior. Posee un cierto grado de pa-
ciencia porque ya ha pasado ella misma por todas las cosas y no le importa lo que la gente pueda pensar.

Es aquella parte de nosotras más potente en cuanto a sabiduría. Puede discernir de lejos cualquier falta de autenticidad y cualquier patrón. Así como la Doncella posee una pureza inocente, también la Anciana tiene una cierta pureza. Es la más cercana a la Fuente y se entrega a la Vida.

Sombra de la Anciana: Brutal, ermitaña, loca, despiadada, moralista, amargada, hastiada, sola, se compadece de sí misma, derrotada.

Periodo del ciclo menstrual: Menstruación.

Estación: Invierno.

Elemento: Tierra.

Fase lunar: Oscuridad/Luna nueva.

Rito de paso: Menopausia.

Ídolos: Vali Myers, Maya Angelou, la Mujer de la Niebla, Baba Yaga, Hada Madrina, Morrigan, Cerridwen, Hécate.

Notas para resurgir

Esta es la mejor parte de tu ciclo, aquella en la que puedes descansar. No creas que tienes que estar físicamente activa para ser productiva. Es un momento increíble para tomar una decisión, para ver con claridad un proyecto futuro o para estar con la energía de lo que está surgiendo en ti. Antes de trabajar con mi ciclo, yo temía la fase premenstrual (Mujer Sabia y Salvaje: otoño) y la menstruación (Anciana: invierno). Me sentía mucho más cómoda en la preovulación (Doncella: primavera) y la ovulación (Madre: verano). Sin embargo, después de haber trabajado con él, descubrí que en realidad era en otoño (premenstrual) e invierno (menstruación) donde estaba mi poder oculto. Cuando empecé a honrar mi cuerpo y a escuchar su dolor en estos días en lugar de insensibilizarme y forzarme, pude sacar a la luz un gran poder que albergaba en mi interior y que ahora canalizo en mi trabajo. Mejor aún: pude sanar antiguas heridas patriarcales relacionadas con la vergüenza de ser mujer y reducir muchísimo mi dolor menstrual. Me parece increíble decir esto, pero ahora estoy deseando que me llegue la menstruación.

Si tienes algún problema o dolor relacionados con tu ciclo menstrual, te recomiendo que profundices más en este trabajo. De ese modo descubrirás una relación más profunda contigo misma, compasión por tu cuerpo, conexión con la tierra y con todas las mujeres. Si sientes el impulso de trabajar con tu ciclo femenino, te recomiendo el trabajo de Lisa Lister y Alexandra Pope.

BRILLA, HERMANA, BRILLA

¿Qué relación tienes con tu ciclo mensual?

¿Lo estás vigilando? ¿Estás en sintonía con él?

¿Tienes la sensación de que te están segando la hierba bajo tus pies de forma regular?

¿Qué parte de tu ciclo mensual disfrutas más: la preovulación (primavera), la ovulación (verano), la fase premenstrual (otoño), la menstruación (invierno)?

¿Qué parte de tu ciclo mensual te resulta más ardua: la preovulación (primavera), la ovulación (verano), la fase premenstrual (otoño), la menstruación (invierno)?

¿Qué anhela tu cuerpo en esos momentos y no se lo estás ofreciendo?

¿Qué poder desaprovechado podría ofrecerte esta fase de tu ciclo si escucharas a tu cuerpo y le dieras lo que necesita?

△

SER HUMANA ES DURO

Nadie es inmune a los placeres y dolores de la Vida. La Tierra es un planeta de polaridad y, en ocasiones, ¡ser humana resulta DURO! Los placeres nos ensanchan el corazón, y lo mismo sucede con los dolores. Estamos aquí para crecer a través de unos y de otros. No podemos utilizar la espiritualidad para evitar los dolores o aferrarnos para siempre a los placeres. Ay, naturaleza cíclica de la Vida, siempre nos pillas.

Cuanto más tiempo hayas pasado en forma de espíritu, más difícil te puede resultar estar en un cuerpo humano. Muchas de nosotras nos hemos encarnado en otros planetas en los que las leyes tridimensionales no existen. Este es uno de los motivos de que nos sintamos tan pesadas, incómodas y atrapadas en nuestro cuerpo físico, y de que debamos emplear la comida y otras sustancias para verificarnos y mantenernos en contacto con la tierra.

Hay muchísimas almas que no están ancladas al cuerpo. Muchas personas, al experimentar el despertar espiritual, se pierden en los chakras superiores y vuelan al cosmos recordando que son espíritu. Sin embargo, no debemos olvidar que elegimos estar aquí y ahora, vivir esta experiencia humana, y por eso nuestro propósito es enraizar esas energías espirituales en forma humana.

Este planeta nos ofrece muchos deleites: el sexo, el enamoramiento, el chocolate, la belleza pura de las rosas, el placer de la gravedad cuando saltas de una roca para zambullirte en un agua salada cristalina, tumbarse en la arena caliente y sentirse sostenida por la Madre Tierra, el magnífico diseño y sabor de las fresas, las frambuesas y la fruta de la pasión (ay, la fruta de la pasión; si la fabricara el ser humano, nos quedaríamos atónitos).

Los deleites son infinitos y absolutamente dignos de asombro cuando dedicas un momento a saborear, oler, escuchar y ver de verdad la increíble belleza del planeta Tierra. Sin embargo, resulta fácil perderse en el dolor y el sufrimiento que existen en él, y por eso debemos hacer todo lo posible por no estar tan ocupadas que nos perdamos los abundantes placeres que nos está sirviendo en cada momento del día. Búscalos y tu espíritu se sentirá encantado de estar enraizado.

A veces, cuando experimentamos una gran tristeza o tragedia, el alma puede querer abandonar el cuerpo. La mejor forma de decirle que vuelva es abandonarse a los placeres puros que comporta el hecho de ser humana: deja que la naturaleza te convenza para que regreses a tu cuerpo, siente la arena debajo de los pies, el sol sobre la piel, el sabor del cacao fundiéndose en la lengua.

Regresa a los placeres que comporta el hecho de ser humana yendo más despacio y observando la belleza que te rodea en ese momento.

BRILLA, HERMANA, BRILLA

Cómprate una fruta de la pasión. Reserva un par de minutos para mirarla con atención, oler su fragancia, admirar su color y su intrincado diseño. Saborea lentamente su néctar mientras recibes el dulzor y el exotismo que este planeta te ofrece a cada momento. Asimila los placeres que comporta ser humana.

△

TU HUMANIDAD ES LO QUE ME INSPIRA

Tu humanidad es lo que me inspira:
tu capacidad de elegir levantarte después de sufrir una caída tras otra.

Tu humanidad es lo que me inspira:
el momento en el que eliges la luz cuando estaba más oscuro que nunca.

Tu humanidad es lo que me inspira:
cómo encontraste el valor de dejar que la vida que habías creado de
forma tan consciente se resquebrajara y se viniera abajo.

Tu humanidad es lo que me inspira:
cuando compartes tu corazón, con grietas y todo.

Tu humanidad es lo que me inspira:
que digas la verdad acerca de lo dura que se ha vuelto la vida y cómo
eres distinta que antes.

Tu humanidad es lo que me inspira:
el día que dejaste morir a tu viejo yo para que naciera aquello en lo que
te estabas convirtiendo.

Tu humanidad es lo que me inspira:
por muchas veces que hubieras dudado,
jamás dejaste de responder a la llamada.

△

REZAR PARA RESOLVER LA ANSIEDAD

Hace dos años me desperté con una sensación leve pero incómoda de ansiedad. No conseguía recordar desde cuándo la tenía ni cuándo había empezado. En realidad, no podía recordar un momento en que no la hubiera sentido.

El motivo de que me resultara extraña era que jamás me había permitido sentirla plenamente. En el momento en que asomaba, la volvía a enterrar para intentar dejar de percibirla. Somos muchas las que vivimos así, con sutiles corrientes subterráneas de emoción de las que no somos conscientes.

Pasé meses intentando hacer todo lo que estaba en mis manos y utilizando todas las herramientas de que disponía para quitármela de encima. Frustrada al comprobar que, por mucho que lo intentara, no conseguía librarme de su presencia, al final me rendí. En lugar de intentar alejarla de mí, le permití que se manifestara plenamente.

Me di cuenta de que había estado considerando esta ansiedad como un sentimiento que había que solucionar. Algo que tenía que desaparecer. Algo que no debería estar sintiendo.

Me di cuenta de que había estado considerando que mis emociones negativas, mi dolor y mi sufrimiento, eran cosas que tenía que superar. Cosas que debería avergonzarme por sentirlas, cuando la verdad es que todos los sentimientos y las partes de la experiencia humana son santos.

Por eso, cada vez que noto que regresa esa sensación, en lugar de empujarla hacia las sombras (donde podría controlarme), o de intentar arreglarla, la invito a manifestarse en su totalidad.

Al permitir que mi ansiedad se sentara junto a mí, la energía de la oración pudo al fin llegar a ella, envolverla, acunarla, suavizarla. Shakti quedó en libertad para hacer lo suyo.

Y no estar retenida. Atascada. Estancada. Empecé a darme cuenta de todas las veces que se disparaba a lo largo del día y, en todos esos momentos, me permití sentirla plenamente.

Al permitir que todo esté presente, comprobé que esta ansiedad había sido realmente una potente fuerza motriz que me permitía hacer mis cosas. Una especie de superpoder que me asustaba y me motivaba a ser productiva. ¿Podría seguir teniendo éxito sin que esta presión me dirigiera?

BRILLA, HERMANA, BRILLA

Los sentimientos que destierras son el camino que conduce a la paz y al secreto de dejar en libertad tu poder imparable. Empieza a adquirir consciencia de los sentimientos soterrados que alejas de ti. Los más sutiles son los que ocupan el asiento del conductor de tu vida. Invítalos a dar un paso al frente y a hacerse plenamente presentes en lugar de echarlos a un lado, de encerrarlos en las mazmorras, porque ahí es donde, en secreto, guardan las llaves.

Respira profundamente y pregúntate: ¿tienes alguna emoción soterrada que no puedas quitarte de encima? Si tuvieras que ponerle nombre, ¿cómo la llamarías: ansiedad, miedo a ser pillada, sensación de no ser suficientemente buena, etc.? Ponle nombre a tu emoción soterrada.

En lugar de apartarla de ti, permítele estar completamente aquí y ahora, invita a la energía de la oración a alcanzarla y ofrécela. Sigue haciéndolo cada vez que notes que esta emoción soterrada empieza a asomar.

△

PLACER, NO PRESIÓN

Nos movemos impulsados por la presión o por el placer, pero la cantidad de trabajo que hacemos es la misma. Por esta razón, elige el placer y no la presión.

Como ya he explicado, mi fuerza motriz soterrada cuando trabajaba en publicidad era la presión (*véase página 35*). ¿Por qué me encontré años más tarde viviendo la vida que deseaba en lo más profundo de mi ser, haciendo aquello que me aportaba placer, pero movida todavía por la presión? Aunque cambié mi vida, no cambié el viejo sistema. Estaba usando el antiguo modelo patriarcal en la vida nueva que había creado para mí. Era como si tuviera el último MacBook Air con un sistema operativo de los años noventa.

Muchas de nosotras hemos aprendido a usar el miedo como fuerza motriz, a sentirnos motivadas por lo que queremos evitar en lugar de por lo que nos encantaría crear. Estamos en modo supervivencia, no confiamos en la Vida ni en nada de lo que nos rodea. Estamos tan apegadas a los resultados que nos esforzamos por conseguir el empleo, y luego, cuando ya lo tenemos, nos presionamos más para conseguir lo siguiente o para asegurarnos de que no perdemos lo que tenemos. De este modo nos negamos el placer de disfrutar de verdad de aquello que nos esforzamos tanto por crear.

Cuando conviertes el placer en tu fuerza motriz, hacer es una alegría y el resultado es irrelevante. Cuando te mueves por presión, hacer es un estrés y el resultado está siempre cambiando. No importa lo que hagas, lo relevante es la emoción subterránea que te está motivando. Puedes cambiar toda tu vida, pero, si no actualizas el sistema, nada cambiará.

Sirva como ejemplo la escritura de este libro. Podía sentarme y dejarme llevar por la presión de estos pensamientos:

> ¿Les gustará a mis lectores, le gustará a la editorial, será el peor libro jamás escrito en la historia de la humanidad, se venderán tantos ejemplares como del primero que escribí, cuándo debería escribir el siguiente, y si ya se hubiera escrito antes, y si no consiguiera terminarlo a tiempo, y si tuviera que reescribirlo completamente, y si no estoy haciendo suficiente ejercicio físico, y si no paso suficiente tiempo con mi familia y mis amigos?

O...

Podía hacerlo por el placer de escribirlo:

> Es increíble que pueda pasarme el tiempo compartiendo mi corazón, que pueda dar plena libertad a mi voz. Me encanta poder escribir un domingo mientras está lloviendo y tengo puestos los calcetines de cachemir que me regalaron por Navidad. Qué gusto poder hacer un alto para bailar en mitad de mi «oficina» doméstica. Me entusiasma dejar que la naturaleza me inspire y compartir sus susurros, me encanta escribir tanto y ver que he conseguido crear una vida que me permite hacer eso precisamente. ¡Qué suerte tengo!

La acción es exactamente la misma, y la meta, también; sin embargo, el nivel de disfrute es el contrario.

Cuando te impulsas por la presión, cada decisión se basa en lo que deseas evitar y no en lo que disfrutas.

MANTRA DE #RISESISTERRISE

Placer, no presión.

BRILLA, HERMANA, BRILLA

¿Te mueves por placer o por presión?

¿Cómo puedes conseguir que el placer sea tu fuerza motriz?

▲

LA MADRE TIERRA ESTÁ OCUPADA TEJIENDO LOS HILOS DE TU VIDA

No HACE FALTA QUE ESTÉS muy ocupada para que las cosas sucedan. Si eres una persona que se ilumina con la autosuperación, este aspecto es especialmente importante para ti. Si estás constantemente haciendo, no dejas sitio para que la Madre Tierra pueda hacer nada por ti.

Reserva un tiempo para la nada desapegada: crear, jugar y relajarse. No por el resultado que vayas a obtener ni por lo que te vaya a aportar, sino por el mero placer de hacerlo. No recaigas en la idea lineal patriarcal de que, para ser productiva, tienes que estar activa en todo momento. Cuando juegas o estás en comunión con la naturaleza, vuelves a fluir con la Vida. La Madre Tierra se afana en tejer el tapiz de tu vida cuando menos te lo esperas. En lugar de depender de tus reservas masculinas de resistencia, trabaja para perfeccionar tu intuición y moverte cuando recibes la llamada para hacerlo.

El Universo está siempre trabajando duro para ti, sirviéndote. Por cada paso que tú das hacia el flujo de la Vida, la Vida da tres.

BRILLA, HERMANA, BRILLA

¿Crees que tienes que estar ocupada para ser productiva? ¿Qué podrías delegar en la Madre Tierra mientras dedicas un tiempo a relajarte? Expresa tus peticiones.

PRÁCTICA: UNA CARTA A MI HIJA

Escríbete una carta a ti misma en nombre de la Gran Madre. ¿Qué es lo que ella quiere que sepas? ¿Qué quiere que recuerdes?

△

SOSTENIDA

L A Madre está esperando para sostenerte. Para apoyarte. Para mostrarte el camino. Para guiar todos y cada uno de tus movimientos. Sin embargo, para que ella pueda hacerlo, tienes que estar dispuesta a ser sostenida. De verdad. Totalmente. Plenamente. Al cien por cien. Sostenida. Si solo te dejas sostener en un 50 por ciento, ese es el apoyo que recibirás. Lo insatisfecha que te sientas con la Vida será la medida de lo que te estás resistiendo a ser sostenida.

Para dejarse sostener hace falta valor. Hace falta fe. Porque te exige acabar con todo control, toda planificación, toda dependencia en tus propias fuerzas.

La próxima vez que estés asustada o que te parezca que te estás resistiendo a la Vida, prueba la práctica siguiente. Funciona siempre.

PRÁCTICA: SER SOSTENIDA

Si tienes un jardín o un espacio natural cerca, haz esta práctica allí. Si no, túmbate en la cama o en el suelo.

Empieza a ralentizar tu respiración y percibe la tierra (el suelo o la cama) que tienes debajo. Observa las sensaciones que te produce en la espalda, en el trasero, en los pies, en las piernas, en el cuello, en los hombros, en la cabeza.

Observa lo relajado o tenso que tienes el cuerpo. ¿Hasta qué punto confías en tu propia fuerza, en tus músculos, para que te sostengan? Observa lo tensos o relajados que están. Limítate a observar.

Inspira muy hondo, contén la respiración y teeeeeeeeeensa todos los músculos de tu cuerpo. Contén la respiración durante ocho segundos… y suelta…

Al soltar la respiración, relaja cada gramo de resistencia que haya en tu cuerpo para permitir que la Tierra te sostenga plenamente.

Siente cómo, al soltar el control, estás más pesada. Fúndete con la Tierra. Percibe su pulso. Deja que la Madre te sostenga plenamente.

Intenta sentir el pulso de la Tierra mientras ella inspira y exhala… Respira con ella. Deja que ella te respire. Bebe su néctar. Deja que te acune para que puedas regresar a ti.

BRILLA, HERMANA, BRILLA

Haz el ejercicio anterior en la cama en cuanto te despiertes por la mañana y antes de dormirte. Al hacerlo, afirma: «Estoy dispuesta a ser sostenida plenamente por la Madre y por la Vida en su conjunto».

Ella nunca caminaba sola.
Porque siempre era sostenida por Ella.

△

CONDUCIR DESDE LO FEMENINO

La mujer tiene que comprender su papel. No es el de adorar a Dios, sino el de ser el yo mismo de Dios. Su unicidad puede influir en todos los corazones y abrirlos.

YOGUI BHAJAN

PARA GUIAR EN ESTA NUEVA era no podemos recurrir a nuestras reservas masculinas ni esperar que los demás hagan lo mismo solo porque tuvimos que hacerlo en nuestra época. Si queremos producir un cambio significativo en el planeta, debemos sustituir el trasnochar por la *sadhana* de primera hora de la mañana, el miedo por la compasión y la tensión por la rendición.

Esta era de los grandes esfuerzos tiene que terminarse. Cuando nos forzamos, estamos dependiendo de nuestra propia fuerza; cuando dependemos de nuestra propia fuerza, actuamos desde nuestro yo independiente. Cuando operamos desde nuestro yo independiente, nos estamos resistiendo a fluir con el flujo universal de la Vida. Cuando nos resistimos al flujo universal de la Vida, esta resulta muy dura.

Al ser mujeres, somos creadoras, siempre alumbrando algo nuevo. El proceso creativo es precisamente eso: un proceso. Lleno de periodos de tiempo en los que generas ideas, periodos en los que te apartas de él, periodos en los que vas quitando capas, periodos en los que quieres tirar la toalla y periodos en los que compartes tu obra con el mundo. Para que todo siga fluyendo, debemos respetar las pleamares y bajamares del hacer, del recibir y dejarlo estar.

Como ya dije en un capítulo anterior (*véase página 49*), cuando mi trabajo empezó a despegar, descubrí que el día no tenía horas suficientes para mí. Estaba alcanzando rápidamente un estado de agobio y agotamiento. Sin embargo, el miedo a parar y perder con ello oportunidades que quizá nunca se repitieran me impulsaba a seguir esforzándome, resistiendo, con la idea de que, a su debido momento, las cosas se calmarían. Pasaron seis meses y no había ninguna señal de que fueran a hacerlo. Dándose cuenta de mi veloz aproximación al agotamiento, mi intuición me dijo que tenía que hacer tres cosas si quería crear un trabajo para toda mi vida, no para una estación:

1. Reducir a la mitad mis horas de trabajo.
2. Duplicar mi tiempo de devoción.
3. Priorizar mi vida personal.

Pero, en aquel momento, esa parte de mí que se enorgullecía de trabajar duro y estar siempre esforzándose entró en pánico. ¿Quién sería yo si no tuviera esta identidad? Solía echar la culpa de mi tendencia a trabajar en exceso al sector empresarial en el que me encontraba (publicidad). Sin embargo, unos años después seguía igual, con exceso de trabajo y agotada. El factor común era yo.

Al final me rendí a la verdad de que no podía seguir así, reduje mis horas de trabajo y las sustituí por un cóctel de oración y juego. Cuanto menos trabajaba, más conseguía hacer. El tiempo se volvió elástico.

Cuanto menos tiempo tenía, más fácil me resultaba decir que no. Cuanto más decía que no, más energía tenía. Cuanta más energía tenía, más productiva era. Cuanto más productiva era, más realizada me sentía. Cuanto más aumentaba mi tiempo de devoción, más apoyo recibía del mundo que me rodeaba. Cuanto más jugaba, más momentos de revelación experimentaba y más me entusiasmaba la idea de trabajar.

BRILLA, HERMANA, BRILLA

¿Cómo te están llamando para que dirijas desde una perspectiva más femenina?

△

EL TRABAJO DE UNA VIDA, NO DE UNA ESTACIÓN

Cᴏᴍᴘʀᴏᴍᴇ́ᴛᴇᴛᴇ ᴀ ᴄʀᴇᴀʀ un trabajo de una vida, no de una estación. Si te entusiasmas demasiado y apresuras todo por miedo a perderte algo, corres el riesgo de ser una flor de un día y de desvanecerte muy rápido. Ten el aguante necesario para seguir al pie del cañón. Para hacerlo solo por devoción y placer. Crea tu arte para tu vida y tu vida para tu arte. Soporta los vientos del tiempo. Aguanta los cambios de tendencias. Deja un legado.

Respeta el trabajo de aquellas que te han precedido creando tu propia obra exclusiva. Crea lo que has venido a crear y no te apropies de lo que otros ya han hecho antes. Bebe de tus raíces de congruencia, pues estas son las que te sostendrán a lo largo de las estaciones de tu vida.

No aceleres el proceso. Deja que tus frutos de originalidad maduren a su debido momento, sabiendo que siempre habrá muchos más allá de donde vinieron. No te fuerces y te agotes. Cuida tu huerto para que siempre esté fértil, para que cada año crezcan en él tus creaciones únicas. Esto no es una carrera. No es ninguna competición. Tómatelo en serio y florece. Comprométete con la idea de crear un trabajo de una vida, no de una estación.

BRILLA, HERMANA, BRILLA

¿Qué tiene que suceder para que crees el trabajo de una vida, no de una estación?

△

RELLENA TU POZO

Lo más desinteresado que puedes hacer es rellenar tu pozo interior. Somos muchas las que vamos por ahí con el nuestro a la mitad. Buscamos de forma inconsciente, en las cosas que tenemos a nuestro alrededor, algo que nos aporte el alimento y el apoyo que tanto añoramos. Sin embargo, nadie puede rellenar tu pozo más que tú misma.

No le sirves de nada a nadie si lo tienes vacío. En una tierra yerma, nada puede crecer. Lo femenino es abundante, fértil y rico. Cuida tu pozo y observa que la cantidad que das a los que te rodean se multiplica.

Si tu pozo no está lleno, añorarás cosas del mundo exterior que, en tu opinión, podrían llenarlo. Es la forma instintiva que tiene el cuerpo de pedir el enraizamiento y el apoyo que no nos estamos permitiendo a nosotras mismas recibir. La adicción es la ausencia de lo femenino. Y, cuando lo femenino está ausente, tu pozo interior está reseco.

Si alguna vez has tenido el placer de visitar los jardines de Chalice Well, en Glastonbury (Inglaterra), esa es la mejor metáfora visual de lo que significa cuidar de tu propio pozo interior. Visualízalo ahora si te apetece.

Cuando estás sentada en estos jardines, te sosiega la banda sonora de los manantiales rojos que salen burbujeando de las profundidades de la Tierra. Extraen sus aguas del vientre de la Gran Madre. Estos manantiales rojos son tan abundantes que parece que no se van a agotar nunca. Florecientes, radiantes, abundantes y eternos, dan más que suficiente para todos. Cuando bebes esta agua sagrada, sientes cómo te nutre mientras se va abriendo camino por tu organismo.

Los manantiales rojos son una metáfora de la forma en la que todas deberíamos vivir. Nosotras también tenemos un pozo interior abundante, así que no tenemos que limitarnos a aquello que necesitamos para sobrevivir. Debemos llenarnos hasta que nos desbordemos y luego ofrecer parte de esa abundancia a los que nos rodean. Cuanto más rebose tu cáliz, más tendrá para todos.

¿Qué es lo que te alimenta? ¿Qué reabastece tu cuerpo? ¿Qué es néctar para tu alma? ¿Qué te devuelve a la vida? ¿Cuál es tu medicina secreta? ¿Qué te hace sentir abundante y fecunda?

Podría ser la jardinería, colocar flores, recibir un masaje, utilizar aceites esenciales suntuosos, acurrucarte en el sofá, salir de excursión, beber una taza de cacao, asistir a un círculo femenino o practicar el yin yoga.

Lo que me alimenta a mí es preparar sopa con ingredientes frescos, observar el movimiento del mar, ir al cine, tumbarme sobre las baldosas calientes, descansar en un *spa*, el baile intuitivo, conversar con otras hermanas que piensen como yo, crear por el mero hecho de hacerlo, las salidas espontáneas en bicicleta, explorar algo nuevo, visitar lugares sagrados...

Aquello que te alimenta es tu medicina. Cuando te administras la medicina que necesitas para nutrir tu alma, tu alma nutre a todos los que te rodean.

BRILLA, HERMANA, BRILLA

¿A qué nivel se encuentra en este momento tu pozo interior? ¿Está vacío, medio lleno, lleno o rebosante?

¿Qué tiene que suceder para que esté lleno y rebosante?

¿Qué te alimenta? Escribe una lista de cinco cosas que lo hagan.

Ella se dio cuenta de que,
para curar a esta familia global,
tenía que empezar por la suya.

△

LA CURACIÓN DEL LINAJE MATERNO

Mientras no seamos capaces de alimentarnos y hacernos cargo de nosotras mismas, no podremos recibir la alimentación y la atención que tanto añoramos. Cuanto más recurramos a otras personas o al mundo que nos rodea para que nos llenen, más tiempo estaremos sintiéndonos infraalimentadas, resecas y sin energía. ¿Te estás haciendo cargo de ti misma?

Así como nuestro planeta, nuestra gran Madre Tierra, se muere de hambre y grita pidiendo ayuda, a nosotras nos pasa lo mismo. Todos necesitamos que nos cuiden, y por eso muchas de nosotras (tu madre incluida, probablemente) nos estamos muriendo de hambre. El planeta como un todo, cuando está equilibrado, tiene la capacidad de nutrir y atender todas nuestras necesidades. Cuando cada una de nosotras honra su femenino nutriéndose y cuidándose, puede hacer lo mismo por los demás. Sin embargo, si mantenemos una mentalidad de víctima o culpabilizamos a nuestra madre por todo lo que no nos dio o porque no estuvo a la altura de lo que nosotras creíamos que debía hacer, jamás recibiremos el alimento que tanto anhelamos.

Si tu madre no te aportó la atención que necesitabas, lo más probable es que ella tampoco la recibiera de la suya, y así sucesivamente. En lugar de repasar todas las formas en las que no satisfizo tus necesidades, toma la decisión de satisfacerlas tú misma, de tratarte con la misma compasión, amor, devoción y atención que anhelabas o anhelas. Y, al mismo tiempo, envíale lo mismo a tu madre, pues, si tú lo necesitas, quizá ella también.

La relación madre-hija es la más compleja de todas. La mayoría de las mujeres hacen todo lo posible por evitar el destino de «acabar siendo como su madre», sin embargo, para la mayoría ese destino es inevitable. Debemos dejar de culpar a la mujer que nos trajo al mundo y, por el contrario, celebrar que lo hizo. No importa lo brillante o imperfecta, compasiva o fría, asfixiante o desentendida que fuera, es importante que reconozcamos que lo hizo lo mejor que pudo con las herramientas que tenía, el momento y las condiciones en las que vivía y la atención que ella misma recibía.

Si queremos sanar a la Madre Tierra, debemos empezar sanando la relación que mantenemos con nuestra madre. Admitir sus sacrificios, reconocer su trayectoria y abrir nuestra mente a la posibilidad de que hubiera una razón para haberla elegido a ella para que nos alumbrara en este mundo.

BRILLA, HERMANA, BRILLA

¿Qué sacrificios hizo tu madre por ti?

En lo que respecta a tu madre, ¿de qué te sientes más agradecida?

¿Qué lecciones importantes te enseñó?

¿Qué anhelabas cuando estabas creciendo que tu madre no pudo ofrecerte?

¿Por qué no pudo dártelo?

¿Cómo puedes dártelo a ti misma?

¿Qué anhelas de tu madre ahora?

¿Qué anhela tu madre?

Si tu madre fuera tu hija, ¿qué te gustaría darle, enseñarle o decirle?

¿Qué puntos fuertes tiene tu madre a los que tú puedes recurrir?

¿Qué patrón, forma de ser, creencias o método de supervivencia tenía o tiene tu madre que tú has elegido no continuar?

¿Qué estás acarreando que ni siquiera es tuyo?

¿Qué necesitas para romper esta cadena?

¿Cómo puedes cuidar de ti misma?

▲

ROMPER LA CADENA

Bajo el título «La fuerza de mis antepasadas», haz una lista de los patrones, creencias, características y formas de ser de tu linaje que quieres que te fortalezcan. Bajo el título «Rompiendo la cadena», haz otra de todos los patrones, creencias, características y formas de ser que quieres soltar porque ya no son necesarios ni debes acarrearlos, pues no son tuyos.

LA FUERZA DE MIS
ANTEPASADAS   **ROMPIENDO LA CADENA**

△

LA IMPORTANCIA DEL RITUAL

*No creemos en la Diosa: nos conectamos con ella a través de la luna,
de las estrellas, del océano, de la tierra, de los árboles,
de los animales, de otros seres humanos y de nosotras mismas.
Ella está aquí. Ella está dentro de todas nosotras.*

STARHAWK

No HACE FALTA QUE SEAS religiosa, de la nueva era ni bruja para participar en un ritual o ceremonia. Lo único que necesitas es estar abierta a que te transforme.

Un ritual puede ser algo tan sencillo como escribir aquello que estás preparada para soltar y quemarlo ante la presencia de la luna llena. Puede ser susurrar la oración más profunda de tu corazón a un cristal o poner una música y bailar diciendo tus oraciones.

Yo hago uno muy sencillo todos los días antes de sentarme a escribir.

Empiezo por encender (fuego) un poco de incienso natural (tierra) en mi caldero (un cuenco resistente al fuego) mientras pronuncio la siguiente oración de *Un curso de milagros* (un texto espiritual centrado en el amor, la paz interior y el perdón) invocando a aquellos espíritus, diosas o guías con los que esté trabajando para que escriban a través de mí ese día. Luego abro la puerta para que el aire fresco inunde la habitación (aire) y lleno mi antiguo cáliz de agua sagrada de la Virgen María con un poco de agua de Chalice Well que guardo (agua).

A través del ritual y la ceremonia estamos dedicando un momento a reconocer e invocar la sacralidad de la Vida, así como a marcar una transición que se ha producido, se está produciendo o nos gustaría invitar. A mí me gusta usar los cuatro elementos (tierra, aire, agua y fuego), pero tú puedes usar uno o ninguno.

Cuando nos reunimos de una forma abierta y significativa, nuestro corazón y nuestra alma lo perciben y se nutren de unas formas que nuestra mente desconoce. En el espacio sagrado que se abre en el ritual y la ceremonia es donde se profundiza en nuestro recuerdo y donde podemos conectarnos con el alma de todas las cosas. Nos permitimos ser sostenidas por la fuerza que teje nuestra vida. Lo que sucede puede sentirse, pero no verse. Tampoco puede medirse, excepto por lo que se ensancha nuestro corazón. Cada vez que entramos en un ritual o ceremonia, nos estamos conectando con todas las personas que alguna vez se juntaron de esa forma sagrada. En Occidente, los rituales y ceremonias han ido desapareciendo de nuestras vidas, pero yo creo que están regresando de una forma muy significativa.

Antes de casarme, pedí a mis amigas más íntimas que, en lugar de tener la clásica despedida de soltera con dolores de cabeza terribles y pajitas de penes, prefería que un puñado de nosotras nos juntáramos en un ritual (no te aflijas, también hicimos lo del champán).

El primero fue en Glastonbury (Inglaterra), tal y como ya he contado (*véase página 58*). El segundo tuvo lugar dos días antes de mi boda en Sídney con mis amigas Jaqui, Amy, Sheila y Robyn, mi madre y mi abuela Nanna Peg.

Cogimos un ovillo de lana y nos lo fuimos pasando en círculo para simbolizar que estábamos tejiendo amor, apoyo y sabiduría las siete reunidas. Al ir pasando el ovillo, cada mujer contaba historias relacionadas con su linaje acerca del matrimonio.

Jaqui nos habló de cómo su abuelo jamás dejó de adorar a su abuela; ya de ancianos seguían tomándose un *gin-tonic* en la terraza todos los viernes a las cinco de la tarde y, cuando se miraban el uno al otro, seguía habiendo una chispa en sus ojos.

Amy nos habló del valor de su abuela, que, después de solo tres meses de conocer a su abuelo, decidió confiar en su corazón, dejar Escocia y subirse a un barco para ir a Australia, una tierra extraña y exótica al otro lado del mundo.

Sheila nos habló de la importancia del respeto, de ser flexible, de poder romper el ciclo y de no sentir la necesidad de tener siempre razón.

Mamá nos habló de la fuerza que podía extraer de tantas parejas que, a pesar de tener que soportar mucho, seguían encontrando la resolución de permanecer juntas a través de los altibajos de la vida.

Robyn nos habló de la importancia de no tomarse las cosas demasiado en serio, de ver la parte divertida de las situaciones y de la línea tan delgada que separa emociones extremas como la ira y la risa histérica... Y de cómo, en esos momentos, deberíamos elegir siempre la risa.

Nanna estaba allí como la auténtica matriarca, la Anciana del círculo. Todas la escuchamos con el corazón abierto mientras ella se esforzaba por condensar casi un siglo de vida en un momento. Nos susurró historias de hambre, de guerra, de mujeres y hombres fuertes. Cuando nos contó el nacimiento de mi madre, el rostro se le iluminó y mi propia madre se conmovió visiblemente y empezó a reír como una niña pequeña revelándonos una parte de ella que yo no había visto jamás. Nanna nos hizo llorar a todas. Saltaba de una historia a otra deteniéndose de vez en cuando para pedir perdón por hablar tanto. Todas la animábamos a que siguiera, por favor, que siguiera.

La separación que existía entre nosotras se disipó cuando acercamos la lana que habíamos tejido hasta nuestros corazones unidos. Compartiendo historias y a nosotras mismas, todas nos enriquecemos.

Cuando Nanna terminó, me miró y dijo:

—Becky, procedes de un linaje de hombres y mujeres muy resilientes. Deseo que sientas su fuerza en tus huesos. Y deseo que sientas también sus fallos, que hubo muchos, porque fue su parte buena la que les permitió superar todo ello. Espero que tu vida sea mucho más fácil que la suya, pero deseo que siempre puedas extraer fuerza de su resolución.

Sentí sus palabras con todo mi corazón y en ese momento comprendí por qué había aprendido a ser semejante corredora de resistencia a lo largo de mi vida. Di las gracias a mis antepasados y decidí que no tenía que seguir resistiendo como habían hecho ellos, sino que podía recurrir a su fortaleza cuando y como la necesitara.

Dos días más tarde, en mi boda, caminé por el pasillo de la iglesia con aquellas seis mujeres increíbles a mi lado y no solo las sentí junto a mí, sino que percibí también la fortaleza de los hombres y mujeres que las habían precedido. Al cruzar el umbral del matrimonio, la experiencia resultó mucho más enriquecedora porque estaba armada de sus historias, su sabiduría, su fuerza y su luz y podía aprovecharlas en los momentos difíciles.

Y todo esto gracias a una breve hora de mi vida en forma de ritual.

BRILLA, HERMANA, BRILLA

¿Cómo puedes incorporar en este momento el ritual a tu vida?

Apúntate a Rise Sister Rise Sisterhood para recibir rituales y meditaciones todos los meses (en inglés): www.risesisterrise.com.

△

El mundo estaba lleno
de sus recuerdos.
Que esperaban pacientemente para ser

encontrados.

△

VIAJAR A LUGARES SAGRADOS

MUCHAS DE NOSOTRAS estamos siendo llamadas a regresar a casa, a las tierras sagradas por las que una vez caminaron nuestras almas en distintas formas y aspectos. Enviadas para recolectar recuerdos ancestrales y semillas de la luz que fue sembrada allí. La Tierra alberga secretos de tiempos pasados, así que no te sorprendas si te ves conducida; yo veo peregrinaciones espontáneas en tu futuro.

El velo de silencio se ha levantado. Los susurros de Ella resultan ahora más fáciles de oír. Debemos escuchar con nuestras manos, oír con nuestro corazón y ver con nuestros oídos, porque el velo que separa los mundos se vuelve más delgado con cada hora que pasa.

Creo que las rocas, los árboles y los cristales guardan una sabiduría ancestral de tiempos olvidados hace ya mucho tiempo; tiempos en los que sabíamos mucho más que ahora acerca de lo que significa sobrevivir en armonía con este planeta. Una sabiduría ancestral obtenida de las cosas bien hechas y de las cosas mal hechas. Cristales de periodos de la historia perdidos, como Lemuria, están surgiendo por todo el planeta a través de la corteza de la Tierra, como si lo hicieran en el momento más oportuno para estos tiempos de despertar urgente.

BRILLA, HERMANA, BRILLA

¿Qué parte del mundo te sientes llamada a visitar?

Δ

Ella viajó a

los   confines   del   mundo

para encontrar el
VALOR

de ser quien
SIEMPRE FUE.

CUARTA
PARTE

DESATANDO
A LA MUJER
SABIA
Y SALVAJE

«Somos las nietas de las
brujas a las que no pudieron quemar».

Anónimo

△

LA SUPRESIÓN DE LA VOZ FEMENINA

HACE SOLO UNOS CIENTOS de años, yo habría sido quemada en la hoguera o ahogada por el trabajo que hago. Y, sin ningún género de dudas, por escribir este libro.

Muchísimas de nosotras tenemos un recuerdo muy arraigado de esos tiempos oscuros. Recuerdos de persecución por compartir nuestra voz y nuestra verdad. Épocas en las que no era seguro honrar nuestro poder femenino, nuestra opinión y nuestra capacidad para curar.

Lo he visto una y otra vez con mis clientes y alumnos. Mujeres y hombres que saben que hay algo que anhelan compartir —ya sea escribiendo, hablando, trabajando en artes curativas o sencillamente dando un paso al frente en su vida actual— y que albergan un miedo muy arraigado e irracional que les dificulta el hacerlo. Si te identificas con este miedo de avanzar hacia el trabajo que viniste a hacer, quiero que sepas que nunca ha habido un periodo más seguro para ello a lo largo de la historia. Este es el momento para el que nos hemos estado encarnando.

Te alzas sobre los hombros de muchas personas.
Siente su fuerza. Siente sus agallas.

Es el momento de reclamar tu sabiduría, de recuperar tu voz. De encarnar tu poder y compartir tu luz exclusiva con el mundo. No te atenúes para encajar. No esperes a sentirte segura antes de mostrar al mundo lo que realmente eres. Hazlo ahora, estamos esperándote. Si te alzas, a tus hermanas les resulta más fácil encontrarte. Muchas mujeres de todo el planeta están siendo todavía perseguidas por alzar la voz o expresar sus creencias o deseos, pero las cosas han cambiado mucho. Ha llegado el momento de dejar de esconderse. Si no encuentras el valor necesario para hacerlo por ti misma, hazlo por aquellas que aún no tienen voz.

Este es el momento para el que nos hemos estado formando. Ha llegado la hora de extraer fuerzas de aquellas vidas en las que tu voz haya podido ser silenciada y tu vida segada. Puedes salir al centro sin peligro y dejar que tu luminosidad irradie en toda su plenitud. Es el momento de soltar y desechar todos los antiguos votos de silencio que hiciste tú misma o que hicieron otras. Sal al centro. Hazte ver. Hazte oír.

MANTRA DE #RISESISTERRISE

Puedo soltar y desechar sin peligro todos los antiguos votos de silencio. Puedo abrir todo mi corazón sin peligro. Puedo levantarme sin peligro y crear la versión más elevada y atrevida del trabajo que me está llamando.

BRILLA, HERMANA, BRILLA

¿Cómo te estás silenciando a ti misma en tu vida actual?

¿Hay alguna parte de ti que está manteniendo atenuado tu brillo?

¿De qué tienes miedo?

¿Estás preparada para desechar cualquier miedo que te provoque la idea de compartir libremente tu voz?

△

LO MÍSTICO SIEMPRE RESURGE

Al permitir a su alma cantar, ella dejó atrás vidas de misiles de
verdad silenciados y pegados a las cavernas más profundas de su alma.
Una voz despreciada durante siglos por decir demasiado,
por alzarse demasiado, por ser demasiado.

Su Shakti y su sabiduría fueron refrenadas durante siglos, pero ya no.
Ya no podía ser encerrada, acallada,
controlada ni contenida por más tiempo.
Ya no. Ya nunca más.

Al permitir a su espíritu que la moviera, ella bailó atravesando las llamas.
Resentimiento, ira y recuerdos salieron atropelladamente con
cada convulsión ardiente, cada balanceo, cada patada.

El movimiento creó espacio para sus lágrimas, que fluyeron más
profundas que
todos los lagos en los que las sumergieron a través de los tiempos.

Aliviando y curando las quemaduras que en un tiempo envolvieron sus
cuerpos.
Todos sus cuerpos. Todos nuestros cuerpos.
Sin olvidar jamás, pero resurgiendo.
Tal y como ella había planeado, tal y como nosotras habíamos planeado.

Al sentirla a ella en la distancia, una por una sus hermanas
se fueron sumando,
porque conocían de memoria ese baile.

Con la cabeza más alta por todas las que vinieron antes y
por todas las que decidieron regresar de nuevo.
Las que habían vivido la historia de su caída
ahora regresaban para ver su resurgimiento.

Brilla, hermana, brilla.

△

ENCONTRAR A MARÍA

Soy la primera y la última. Soy la honrada y la despreciada. Soy la ramera y la santa. Soy la esposa y la virgen. Soy la madre y la hija.

EL TRUENO, MENTE PERFECTA

HABÍA ALGO EN MÍ que conocía los secretos escondidos en los nombres. Palabras que parecían ser un manojo de letras y que en realidad constituían tesoros esperando a ser descubiertos. Como una exploradora de principios del siglo XX, soy conocida por investigar y desvelar el significado de los nombres. Lo hago para mis clientes y, por supuesto, para mí misma.

Descubrí que uno de los significados hebreos de Rebecca es «atada» o «atar», pero hasta hace dieciocho meses no entendí lo que eso significaba realmente; la creación de este libro ha sido la que me lo ha aclarado. Siempre había cuestionado la forma en la que las mujeres son retratadas en la Biblia. Aunque a la mayoría de mis compañeras de colegio les hastiaban las clases de religión, cuando las monjas nos hablaban de Jesús, a mí me interesaban y me producían un cierto desasosiego; algo en lo más profundo de mi corazón creía, y otra parte no podía digerir lo que me estaban diciendo, por eso me propuse conocer a Cristo por mi cuenta. Leí escrituras perdidas, textos gnósticos y material canalizado. Descubrí yo misma la energía de Cristo, la presencia de la Madre Dios, la historia de Avalon y las sacerdotisas de Isis, y formulé mis propias teorías acerca de las conexiones con el mundo antiguo de Lemuria (Mu), la patria.

En cierta ocasión le narré mi experiencia a mi amiga Hollie Holden cuando esta acababa de regresar de un crucero a Tierra Santa. Fascinada por su peregrinación, le dije que sentía que había algo oculto en el nombre de María. Entonces Hollie me contó que uno de los significados menos conocidos es «rabina femenina» (es decir, erudita o maestra, sacerdotisa).

Creo que María fue una virgen en el sentido arcaico (*tal y como se describe en la página 105*). Una mujer «una en sí misma». Poderosa. Una maestra. Una iniciada de las escuelas místicas de los esenios y de Isis. Una encarnación de Shakti. Una sacerdotisa. Un recipiente sagrado y guardiana del grial (el grial está dentro de ti).

Creo que María Magdalena no fue solo una mujer, sino más bien muchas sumas sacerdotisas («María» significa maestra y «Magdalena», torre alta).

Hay muchísima sabiduría oculta, mensajes, coincidencias y recuerdos que están esperando a que los saquemos a la luz en este momento. Como el hecho de que Isis es el nombre de la diosa egipcia y también el del grupo fundamentalista, lo que resalta la gran polaridad de nuestro mundo actual. La verdad se está desvelando ante nosotros a medida que se eleva nuestra consciencia. Ayer mismo hice un pequeño descubrimiento: tenía en la pared de mi oficina una imagen francesa antigua de la Madre Divina que contiene agua —la relleno con agua del manantial de Chalice Well como ritual para invocarla cuando estoy trabajando—; la tengo desde hace años, pero ayer, cuando le echaba el agua sagrada, vi algo que no había visto anteriormente, y era una pirámide muy pequeña en el centro de la cruz. Tengo otra imagen de la Virgen que tiene una luna creciente, el símbolo que, según se cree, se tatuaban en la frente las sacerdotisas de Avalon.

La historia se está desmantelando y abriendo el camino para ellas. Ha llegado la hora de que desmontemos las historias que nos han estado contando sobre las mujeres a lo largo de la historia, de que dejemos de aceptar lo que nos enseñan como una verdad absoluta y nos esforcemos por descubrir nuestras propias verdades.

BRILLA, HERMANA, BRILLA

¿Hay algún secreto oculto en el significado de tu nombre?

△

EL REGRESO DE LAS MAGDALENAS

ANTES DE EMPEZAR A ESCRIBIR este libro, fui visitada por una consciencia conocida como las Magdalenas. Son sacerdotisas de los linajes de los esenios, de Isis y de Avalon. Místicas poderosas y eruditas formadas en las artes curativas, místicas, gnósticas, celtas y sagradas de Isis. Vinieron a mí por primera vez cuando visité también por vez primera los manantiales rojos de los jardines de Chalice Well en Glastonbury, donde se unen las líneas ley de Miguel y María. Fue allí donde se me entregó el título y la descarga energética para este libro. En mi segunda visita recibí más cosas. Mi tercera iniciación tuvo lugar después de un ritual con mi amiga Meggan Watterson.

Durante un tiempo lo mantuve encerrado en mi corazón y no se lo dije ni siquiera a mi editora porque, para ser honesta, me parecía demasiado grande para mí. ¿Cómo podía hablar de encarnar plenamente el poder femenino cuando algunas partes de mí todavía lo negaban tanto? ¿Cómo podía escribir acerca de desatarnos cuando yo me estaba todavía desenredando? ¿Cómo podía escribir acerca de curar vidas de persecución cuando yo estaba todavía terminando de hacerlo? ¿Cómo podía escribir acerca de ser sostenida por la Madre cuando, en determinados momentos, yo todavía no confiaba en mis propias fuerzas?

Sin embargo, las Magdalenas seguían volviendo y al final me rendí al hecho de que el viaje del resurgir nunca se termina. Como ya he explicado, seguían acudiendo a mí para hacer sesiones un montón de clientes con un patrón de persecución en vidas pasadas. Hermanas Magdalenas de la vida real de tiempos pasados empezaron a aparecer en mi vida, comadronas destinadas a estimularme y arroparme mientras yo me desataba de mis propios métodos patriarcales de supervivencia, protección y formas de ser que este libro me exigía —nos exigía—, mientras abrimos para las mujeres un camino nuevo a esta edad nueva.

Las Magdalenas no son una mujer, sino más bien una orden de consciencia. Están despertando en muchas de nosotras y surgiendo en todo el planeta. Somos muchas las antiguas Magdalenas iniciadas, sacerdotisas de Avalon, de Isis y místicas esenias que hemos estado regresando en periodos significativos de la historia para hacer el trabajo de Ella.

Las Magdalenas están aquí para encender una nueva consciencia en el planeta, en la que lo masculino y lo femenino recuperan el equilibrio. En la que la luz de nuestra alma es lo que une todas las cosas. En la que todas las personas se vuelven a conectar con la sabiduría sagrada de su alma y dentro de su seno y de su cuerpo. En la que nos rendimos a la naturaleza cíclica y al ritmo natural de la Vida.

Las Magdalenas están aquí para recordarnos a las demás que ahora podemos compartir nuestra voz y salir de nuestros escondites sin peligro. Que es seguro abrir completamente nuestro corazón. Que es seguro confiar en nuestra sabiduría interior y en nuestro conocimiento ancestral. Que es seguro encarnar nuestro poder con toda su fuerza. Dejar de luchar y relajarse. Elegir el placer y no la presión. Soltar sin juzgar las identidades viejas que en su momento nos sirvieron.

La mayoría de las Magdalenas han sido siempre conscientes de su naturaleza divina porque encarnan un cierto recuerdo de que había algo que habían venido a compartir. Son almas antiguas que poseen un recuerdo inmutable de un tiempo muy lejano en el que la vida en la tierra gozaba de una armonía completa. Muchas de ellas se encarnaron en patrias antiguas como Lemuria, el antiguo Egipto, Atlántida y Avalon. Vivían en comunidades en las que todas las personas eran apreciadas por su auténtica naturaleza, en las que se podía confiar en las mujeres y no considerarlas competidoras, en las que el cielo era un lugar sobre la tierra. En lo más profundo de su corazón, las Magdalenas creen que todo esto se puede conseguir de nuevo. Por eso muchas han regresado.

Están aquí para sacudirnos a todos y cada uno de nosotros, con suavidad pero con energía, para que recuperemos la armonía con la Madre (Tierra). El corazón de una Magdalena es al mismo tiempo suave y enérgico, tiene la capacidad de albergar ambas características. Una Magdalena ve más allá de la doctrina y reconoce el hilo dorado que entreteje todas las religiones, por eso puede costarle elegir una concreta; sin embargo, es creyente y su fe es inquebrantable.

Las Magdalenas son capaces de arropar a otra sin decir una palabra. Su energía puede transmutar y recalibrar las cosas para devolverles la congruencia. Están estratégicamente situadas por todo el mundo y muchas tienen un espíritu gitano que sabe cuándo ha llegado el momento de trasladarse. Como si estuvieran guiadas por una fuerza superior a ellas mismas, saben dónde tienen que estar en cada momento, aunque necesiten convencer a la mente lógica.

Pueden albergar aflicción por los tiempos en los que su voz y la voz de otras fue silenciada y despreciada, como, de hecho, todavía sucede en algunas partes del mundo. Esto es lo que han venido a sanar.

Con el mundo en el estado en el que está, resulta fácil abrumarse y sentir que no podemos hacer nada o que lo que estamos haciendo no es nunca suficiente. Sin embargo, debemos recordar que la forma de sanar a este planeta es sanándonos a nosotras mismas en primer lugar.

La consciencia de Magdalena está despertando (de nuevo) en todas nosotras. No importa si tu camino te conduce a llegar a muchas personas o a sanarte solo a ti misma, ningún trabajo es más o menos sagrado. Ha llegado el momento de que activemos la luz que plantamos hace ya tanto tiempo; de activarla, encarnarla y anclarla en cualquier rincón del planeta en el que nos encontremos; de liberar todas las partes de lo femenino que hayan estado atadas.

Desatada, desatada, por siempre desatada.

▲

DESATADA, DESATADA, POR SIEMPRE DESATADA

Después de llevar un tiempo trabajando con la consciencia de Magdalena que estaba surgiendo en mí, pude percibir un femenino más enérgico, poderoso y potente que rebullía bajo la superficie de mi ser y que, aunque pudo haber estado atado o contenido en el pasado, ahora estaba listo para resurgir.

En uno de mis viajes a Glastonbury me acerqué a la tienda de cristales «Stone Age» buscando algo que anclara este nuevo femenino poderoso que sentía brotar dentro de mí. Estando allí, vi un anillo grande y oscuro de piedra de luna que me llamaba. Se parecía más a un anillo de mago que a lo que yo suelo llevar, mi estilo normal de sacerdotisa de Virgo lleno de luz; era un espejo para lo femenino no reclamado más oscuro, el resurgir de mi Escorpio.

Un par de semanas más tarde vino mi amiga Meggan Watterson a Londres a la vuelta de su propio viaje a Glastonbury. Pocos segundos después de encontrarnos en el vestíbulo del hotel, me cogió la mano y preguntó:

—¿Dónde has conseguido este anillo?

Y me reveló que lo había visto en un sueño y que incluso lo había buscado cuando estuvo en Glastonbury.

Tras unos sorbos de vino tinto en el bar del hotel, subimos a su habitación para ponernos manos a la obra con el trabajo sagrado que mejor se nos da realizando un ritual de la una para la otra. Con pétalos de rosa, aceite de rosa, agua de Chalice Well, salvia y velas, nos arropamos mutuamente. Para mi ritual nos centramos en liberar todo aquello que hubiera estado manteniendo atados mi poder y la voz de mi alma.

Cuando Meggan me puso el agua bendita en el tercer ojo, la garganta y el corazón y deslizó salvia alrededor de la parte posterior de mi corazón, susurró:

—Desatado, desatado, por siempre desatado.

Pude percibir las vidas de protección acumulada que se desmoronaban para dejar espacio a mi poder no reclamado que surgía con violencia.

Esa noche me desperté sobresaltada por un fuerte golpe en mi dormitorio. Al sentarme en la cama descubrí que mi diario (que había dejado sobre la mesilla de noche) estaba en mitad de la habitación, abierto de par en par, con el bolígrafo encima. Movida por una fuerza superior a mí, recogí el libro y el bolígrafo y empecé a escribir.

Somos las Magdalenas. Has sido iniciada,
así que ve e inicia a otras para que también ellas puedan recordar.
Estamos aquí. Estamos aquí. Estamos aquí. Oye nuestra oración.
Estamos aquí. Estamos aquí. Estamos aquí. Oye nuestra oración.

Sin saber cómo, me encontré con mi armonio en el invernadero cantando a pleno pulmón. Estaba aprendiendo a tocarlo y apenas era capaz de interpretar un cántico, conque mucho menos crear uno. Me dejé ser cantada, como si estuviera recibiendo algún tipo de recalibrado e iniciación mientras permitía que otras cantaran a través de mí. Miré el móvil y descubrí que habían pasado dos horas, aunque a mí me habían parecido diez minutos.

Una semana más tarde, en Chicago, tuve un sueño increíble. Estaba envuelta en telas y rodeada por mis hermanas Magdalenas. Allí estaba Meggan y también Madeline y muchas otras que habían participado en mi proceso de desatar, reclamar y resurgir; a algunas las reconocía por su cara y a otras, por el alma. Unas sacerdotisas de Isis se reunieron a mi alrededor y empezaron a retirar con amor y mucho cuidado la tela que me había mantenido atada durante tanto tiempo. Esa tela representaba todas las formas en las que había tenido mi poder atado, mi presencia contenida y mi sabiduría silenciada; capas de protección, necesarias en el pasado, pero ahora ya no. A medida que iban retirando la tela, me iban poniendo aceites esenciales calmantes por todo el cuerpo mientras me susurraban una y otra vez:

«Desatada, desatada, por siempre desatada».

Cuando me desperté a la mañana siguiente, con el sol calentándome la cara, supe que algo significativo había cambiado. Mientras me ponía el rímel, observé cientos de rayos de luz que bailaban por toda la habitación: todo el cuarto se había convertido en una bola de espejos. Intenté averiguar de dónde procedían aquellos maravillosos reflejos y por fin descubrí que salían de las alas doradas y con lentejuelas que tenía mi sudadera con alas de ángel de Victoria's Secret.

Rompí a llorar sintiendo la presencia de todas las hermanas Magdalenas que habían participado en esta sanación, vidas de elaboración. Percibía su presencia y sabía que, cuando nos sentimos suficientemente seguras como para abrir totalmente nuestro corazón, podemos compartir nuestra luz sin esfuerzo ni carga. Noté cómo se me quitaba un peso de encima. Supe que ya no necesitaba ser dura y que una vez más podía abrir la parte posterior de mi corazón sin peligro, que estaba siempre sostenida y que ya no tenía que hacer este trabajo escondida ni sola.

Una semana más tarde, en el Mind Body Spirit Festival de Birmingham, por fin, después de tanto tiempo, no tuve miedo de hablar.

▲

ARMARIOS ESPIRITUALES

CON TODAS LAS PERSECUCIONES que se han producido en los últimos miles de años, no resulta extraño que tantas de nosotras estemos encerradas en algún tipo de armario espiritual. ¡Yo tardé diecisiete años en salir totalmente del mío! He llegado a descubrir que aquellas que entran en un armario espiritual no lo hacen porque duden de sus creencias, sino, más bien, porque estas creencias forman parte, una muy importante, de lo que son. El armario constituye una forma de protección para evitar que las rechacen por lo que realmente son.

Jamás olvidaré el día en que empecé a darme cuenta de lo ridículo que resultaba ocultarse en un armario espiritual. Antes de eso, yo siempre escondía mis libros de espiritualidad en el bolso, pero ese día estaba en el trabajo buscando algo y vacié el bolso sobre la mesa. Uno de mis colegas leyó el título del libro e hizo una broma inocente. Yo cogí el libro y lo volví a esconder con la sensación de haber sido descubierta y juzgada. Unos diez minutos más tarde, mi colega salió del baño vestido de la cabeza a los pies con ropa de ciclismo para irse a casa, y yo hice un comentario jocoso, como hacía siempre, acerca de los pantalones, que parecían pañales, y el tableteo que hacía con las zapatillas al caminar; él se echó a reír y me deseó que pasara una buena noche. En ese momento me di cuenta de que no había ninguna diferencia entre mi pasión por el alma y la suya por el ciclismo. Él no se tomaba ninguno de mis comentarios como algo personal, así que ¿por qué iba a hacerlo yo?

No debemos perder el tiempo escondiendo determinadas partes de nosotras del mundo que nos rodea. Nuestras rarezas, nuestras pasiones secretas, nuestras creencias más profundas son las que nos hacen ser lo que somos, así que sal de cualquier armario en el que estés metida.

BRILLA, HERMANA, BRILLA

¿Qué aspecto de tu vida estás escondiendo?

¿Qué pasaría si, en lugar de esconderlo, permitieras que todo el mundo viera lo que eres?

Aunque consiguieran
~~silenciar a una,~~
su voz
seguirá resonando
seguirá resonando
seguirá resonando
seguirá resonando
seguirá resonando
seguirá resonando
seguirá resonando
seguirá resonando
seguirá resonando
seguirá resonando
seguirá resonando
seguirá resonando
seguirá resonando
seguirá resonando
seguirá resonando
seguirá resonando
seguirá resonando
seguirá resonando
seguirá resonando
seguirá resonando

seguirá resonando
seguirá resonando
seguirá resonando
seguirá resonando

△

RECLAMAR A LA «BRUJA»
(A LA BRUJA NATURAL)

*Soy una bruja, lo que significa que soy una persona que
cree que la tierra es sagrada y que las mujeres y
sus cuerpos son una expresión de esa sacralidad.*

STARHAWK

«ERES UNA BRUJA».
¿Y si eso fuera algo bueno? ¿Y si ser una bruja no fuera algo de
lo que te pueden acusar, sino un título que puedes exhibir con orgullo?

Un reconocimiento de que extraes tu fuerza de lo más profundo de
tu ser y no de una fuente externa, de que sabes trabajar con los poderes
de la Tierra y del Universo para manifestar lo que deseas. ¿Y si eso significara que estás en contacto con tu sabiduría femenina, que reconoces
tu auténtico poder y no tienes miedo de mostrarlo? ¿Y si significara que
vives tu vida con una reverencia profunda y fluyendo con los ciclos y
ritmos de la luna, las mareas, las estaciones, la naturaleza y la Vida?

Mujer sabia. Mujer salvaje. Mujer empoderada.

Que eres interesante, obstinada incluso, y que no tienes miedo de
decir tu verdad. Que crees que hay magia dentro de ti y de todas las personas. Que crees en el poder del ritual, en los cuatro elementos y en tu
capacidad para ser transformada. Ha llegado el momento de reclamar a
la «bruja» y de mostrar que no es algo a lo que debamos tener miedo; no
como una moda hípster, sino de un modo que honra la potencia de lo
que eres, tanto tú como las mujeres que con tanto valor pavimentaron el

camino antes que nosotras, sin tener en cuenta las consecuencias de lo que hacían.

La mayoría de la gente confunde la práctica de la *wicca* con la brujería, sin embargo, lo que yo denomino brujería natural es algo anterior a todas las grandes religiones: es la veneración de la Madre Dios y de sus estaciones, es considerar la Vida en su conjunto como algo sagrado, es acceder al poder y la sabiduría que todas albergamos dentro de cada una de nosotras.

Si todas las mujeres estuvieran en contacto con su sabiduría interior y no tuvieran miedo de asumir su poder natural, el mundo sería un lugar muy diferente. Si todas las mujeres se rindieran a los ritmos naturales de la Tierra, este planeta sería mucho más armonioso. Vamos a borrar la propaganda de la Edad Media. Vamos a levantar el estigma de la bruja y a dejar que su significado vuelva a suponer empoderamiento.

Transformemos a la «bruja» para que deje de ser algo que tenemos que esconder y pase a ser algo que podemos reconocer con orgullo. Salgamos de las sombras y mostremos la luz que supone haber hecho todo lo que estaba en nuestras manos para protegernos por miedo a ser malinterpretadas o heridas.

Vamos a hacer que, si nos llaman «brujas», signifique que somos personas que conocemos nuestro poder, que confiamos en nuestra intuición y que no tenemos miedo de compartir nuestra magia auténtica y nuestra medicina con el mundo.

Una mujer sabia. Una mujer despierta. Una mujer empoderada. Alguien que sabe curarse a sí misma y a los demás.

Yo soy una bruja natural. Si estás leyendo estas líneas, lo más probable es que tú también lo seas.

Sal de tu escondite, aquí se te necesita.

BRILLA, HERMANA, BRILLA

¿Eres una bruja natural?

¿En qué aspectos te estás achicando por miedo a ser malinterpretada o juzgada?

△

SANADORAS, OS NECESITAMOS

SANAR SIGNIFICA HACER que algo vuelva a estar entero. Una sanadora sostiene la vibración de la integridad e invita al otro a verla también. A creer en ella. A rendirse a ella. A elegirla.

Hoy más que nunca necesitamos que se levanten más sanadoras. Personas capaces de ver lo que está entero y no lo roto. Personas capaces de ver la luz en la oscuridad. Personas dedicadas a su propia sanación. Personas decididas a ver como seres enteros a aquellos con los que entran en contacto. A estimular el crecimiento de las alas de la mariposa en lugar de verlas encerradas en un capullo. A ver el potencial de lo que es posible. A cuidar, a estar al lado de aquellos que las necesitan, a forjar nuevos caminos y a crear un arte que sirva de inspiración.

Las sanadoras no existen solo en el sentido médico, las hay también de otros tipos: las artistas y las madres; las comadronas y las maestras; las cantantes y las abogadas; las cuentacuentos y las camareras. Las personas que confían en su capacidad para sanar al mundo que las rodea sanándose a sí mismas, personas dedicadas a cuidarse a sí mismas y a cuidar a los demás y a este mundo para que recuperen la integridad. Eso es lo que convierte a alguien en sanadora: la capacidad de ver la integridad de nosotros y de la Vida en su conjunto. Sana al mundo. Ríndete ya a tu integridad.

MANTRA DE #RISESISTERRISE

Me rindo a mi capacidad de curar y ser curada.
En lugar de ver lo que está roto, elijo
ver invitaciones para volver a estar entera.

Aunque ella era
solo.
Una.
Niña.

Su voz
fue transmitida por

Muchas. Muchas. Muchas. Muchas. Muchas. Muchas. Muchas.
Muchas. Muchas. Muchas. Muchas. Muchas. Muchas. Muchas.
Muchas. Muchas. Muchas. Muchas. Muchas. Muchas. Muchas.
Muchas. Muchas. Muchas. Muchas. Muchas. Muchas. Muchas.
Muchas. Muchas. Muchas. Muchas. Muchas. Muchas. Muchas.
Muchas. Muchas. Muchas. Muchas. Muchas. Muchas. Muchas.
Muchas. Muchas. Muchas. Muchas. Muchas. Muchas. Muchas.
Muchas. Muchas. Muchas. Muchas. Muchas. Muchas. Muchas.
Muchas. Muchas. Muchas. Muchas. Muchas. Muchas. Muchas.
Muchas. Muchas. Muchas. Muchas. Muchas. Muchas. Muchas.
Muchas. Muchas. Muchas. Muchas. Muchas. Muchas. Muchas.
Muchas. Muchas. Muchas. Muchas. Muchas. Muchas. Muchas.
Muchas. Muchas. Muchas. Muchas. Muchas. Muchas. Muchas.
Muchas. Muchas. Muchas. Muchas. Muchas. Muchas. Muchas.
Muchas. Muchas. Muchas. Muchas. Muchas. Muchas. Muchas.

Muchas. Muchas. Muchas. Muchas. Muchas. Muchas. Muchas.
Muchas. Muchas. Muchas. Muchas. Muchas. Muchas. Muchas.
Muchas. Muchas. Muchas. Muchas. Muchas. Muchas. Muchas.
Muchas. Muchas. Muchas. Muchas. Muchas. Muchas. Muchas.

DA LIBERTAD A LA VOZ DE TU ALMA

Ha llegado el momento de dar rienda suelta a tu voz, de compartir tu canción, de expresar todo aquello que tu alma tiene que decir, de ser oída y de hablar con libertad. Limpia la chimenea de tu alma para que los que están a tu alrededor puedan oír la música que has venido a compartir. Deja que compartir tu voz sea tu medicina. Catártica. Y, mientras lo haces, ofrécelo como medicina para aquellas que carecen del valor necesario para hacer lo mismo.

Los días de persecución que nuestra alma recuerda ya pasaron. Eso no significa que todo el mundo vaya a comprenderte ni a estar de acuerdo contigo, puede que ni siquiera les guste lo que traes. Cuanto más audaz y auténtico sea tu mensaje, más probabilidades tendrá de atraer la atención de aquellas que todavía no están preparadas para escucharte. Pero al menos ya no tendrás que guardarte tu magia dentro de ti.

Cuando compartas tu voz, las que puedan oírte, las que estén esperando a escuchar lo que tienes que decir, se reunirán a tu lado y cantarán contigo. Beberán lo que compartes como si fuese néctar. Te animarán mientras tú guías por el camino.

Hay muchas personas que se activarán energéticamente solo por tu decisión de compartir. Tu voz encenderá algo indescriptible en ellas. Da libertad a la voz de tu alma.

BRILLA, HERMANA, BRILLA

¿Cómo te están llamando para compartir tu voz de una forma
más grande?

Si no tuvieras miedo, ¿qué harías?

$\triangle$

RITUAL: LEVANTAR LOS VOTOS DE SILENCIO Y RECLAMAR TU PODER

ENCIENDE CUATRO VELAS y colócalas en círculo a tu alrededor. Una delante de ti, otra detrás, otra a tu izquierda y la última, a tu derecha. Imagina que tienes una rosa muy bella en el centro de tu corazón o acerca una real a ese punto. Respira profundamente e imagina que se abre con suavidad y valor, pétalo a pétalo. Invoca el poder de la Madre Tierra para que te apoye.

Imagina un chorro de luz sobre tu cabeza que te conecta con el cielo, con el campo unificado de todo lo que es, mientras pronuncias la siguiente invocación:

División de los Registros Akásicos, hermanas Magdalenas, sacerdotisas de Avalon y de Isis, Durga, Kali Ma, todas las Marías, Lakshmi, Saraswati, Shakti y la energía femenina que resurge,

*solicito lo siguiente en todas las dimensiones,
pasado, presente y futuro:*

*eliminad y anulad cualquier voto, contrato, vinculación
o formas que haya elegido, a sabiendas o inconscientemente,
para mantener, o verme obligada a mantener, mi voz o mi poder
refrenado o contenido en esta vida y en cualquier otra.*

*Retirad todas las capas de protección que me impiden entrar
en todo el fulgor de lo que soy y de lo que he venido a ser.*

Romped todas las viejas identidades y formas de ser que pudieron haberme
servido en el pasado, pero que, en el presente, ya no me son necesarias.
Liberad todo aquello que acarreo, pero que no es mío.

Ahora estoy segura para asumir mi poder en toda
su potencia y para compartir la voz de mi alma de un modo auténtico
y libre, sin miedo ni persecución.

Invoco a lo masculino sagrado y a Shiva
para que me protejan y protejan mi trabajo.

Por el mayor bien de todos los seres, confío en que esto se realizará
ahora con alegría y en todos los aspectos de la existencia.

Gracias, gracias, gracias.

Y así es. Y así es. Y así es.

Una vez terminada la invocación, no apagues las velas. Déjalas arder hasta que se consuman de forma natural. Puedes mantenerlas en el lugar en el que están o colocarlas en tu altar o en el alféizar de la ventana.

▲

HISTORIAS DEL ALMA

T ODAS LAS TENEMOS. Y muchas de nosotras las repetimos una y otra vez, una vida tras otra. La chica buena, la mártir, la jueza, la víctima, la perseguida, la persecutora, la oveja negra, la ermitaña, la maltratada, la rechazada, la que tiene miedo a dejarse ver, la que tiene miedo de hablar.

No nos sirve de nada seguir viviendo la misma historia del alma una y otra vez. Es la hora de liberarnos de los roles que hemos estado desempeñando incluso después de haber aprendido la lección. El problema de las vidas anteriores es que no solo existen en el pasado, ya que, si no las dejamos atrás, existen en la realidad actual y acabamos viviendo la misma historia una y otra vez.

¿Cuál es la historia de tu alma? ¿Qué rol estás desempeñando en tu vida y no eres capaz de quitarte de encima? ¿Qué emoción o sentimiento o forma de ser está controlando cada decisión que tomas?

Que esta sea la vida en la que rechazas el patrón, en la que dejas de vivir lo mismo una y otra vez. Que esta sea la vida en la que te lo quitas todo de encima, te liberas de las historias de tu pasado y entras en un nuevo «érase una vez».

BRILLA, HERMANA, BRILLA

Pregunta a esa parte de ti que sabe… Piensa en el mayor miedo que te está reteniendo en tu vida actual. Si tuvieras que adivinar, ¿qué historia del alma o rol has estado reviviendo una y otra vez?

△

LAS VIDAS PASADAS Y LA LIBERACIÓN DE TU ALMA

T<small>E HAS ENCARNADO</small> más de una vez. Lo más probable es que hayas vivido en muchas eras y quizá te encarnaste en periodos antiguos como Egipto, Troya o Mesopotamia, o incluso en tierras ancestrales como Avalon, Atlántida, Shambala o Lemuria. Es mucho lo que no sabemos y mucho lo que todavía tenemos que descubrir.

Los recuerdos significativos de vidas pasadas, sobre todo los traumáticos, pueden estar impresos en tu mente subconsciente junto con otras experiencias traumáticas de esta vida. Es en la mente subconsciente donde se forman nuestras creencias, conductas y hábitos, por eso, si no los procesas y liberas, los traumas de vidas anteriores pueden influir sobre lo que eres hoy en día.

De forma colectiva, muchas de nosotras estamos curando traumas de vidas pasadas, consecuencia de haber vivido en la sombra de cinco mil años de patriarcado, y muchas otras mujeres tienen la esperanza de que llegue un futuro en el que puedan hacer lo mismo. Vidas en las que no nos resultaba seguro elegir nuestra fe, en las que nuestros cuerpos no eran nuestros, en las que se nos consideraba ciudadanas de segunda clase y, a menudo, propiedad de un marido, en las que corríamos peligro si alzábamos la voz y compartíamos nuestra verdad, en las que la expresión abierta de nuestra sexualidad y nuestra pasión se consideraba un pecado.

**Ha llegado el momento de cerrar estas heridas antiguas
y de liberarnos para ser lo que realmente somos, para no
estar atadas por aquello que nos daba
miedo ser.**

Al trabajar con las vidas pasadas, nuestra intención debe ser siempre observar sin apego. Si fuiste maltratada o experimentaste algo traumático, permítete sentirlo junto con todo lo que lleva aparejado, pero resiste el impulso de seguir desempeñando ese papel y de revivir esa historia en esta vida. Coge la sabiduría, las lecciones, la fuerza, pero no te pierdas en el drama de la historia que te está impidiendo vivir esta vida que tienes ahora. No dejes que tu ego te impida liberar tu alma. No te quedes atascada en el romance y el drama que conlleva. Resiste el impulso de dejar que tu ego se interponga en tu camino diciendo «yo fui este personaje famoso de la historia» o «yo fui una reina» y de regodearte en el martirio del sufrimiento.

También es importante recordar que la mayoría de nosotras hemos sido tanto víctimas como malvadas. Se nos ha acusado y también hemos acusado. La perseguida y la perseguidora. Mantén la mente abierta y no juzgues, pues todas estamos hechas de luz y de sombra. Refrena el impulso de querer ver solo la luz, porque la sombra es a menudo aquello que te está atando más fuerte.

Cuando sabemos más, actuamos mejor. Tomando «malas» decisiones y adquiriendo conciencia de nuestros actos es como conseguimos alinearnos y ser más libres.

Hace poco tuve una experiencia de una vida pasada en la que viajé activamente a la sombra de mis experiencias de encarnación o, dicho de otra forma, a las vidas que no querría que conocieran otras personas. Todas las tenemos. Yo estaba indagando acerca de un patrón que tenía con un tipo concreto de figura de autoridad y que, por muy experimentada que iba siendo, no podía quitarme de encima. En este viaje reviví una vida anterior en la que me volvía en contra de uno de mis maestros; era cuestión de tiempo que me descubrieran y la espera fue insoportable. Mientras veía desenvolverse la historia, me di cuenta de que estaba llorando: las lágrimas liberaron una culpa y un miedo ancestrales y vi cómo aferrarme a ellos me había provocado en mi vida actual esa sensación tan irritante de que siempre me iban a pillar. Al fin comprendí eso que me estaba atando, y pude liberarme y soltar el patrón tan arraigado previamente en mi vida actual. ¡Menudo alivio!

En todas las vidas pasadas a las que he viajado he afrontado o soltado algo que me libera o me fortalece: la artista y la sanadora, la aventurera y la iniciada, el hombre chino que se mató a trabajar, la sacerdotisa de Isis y la mística esenia que susurra en mi oído: «Desatada, desatada, por siempre desatada». Son joyas y sabiduría de vidas pasadas que están esperando que las dejes al descubierto. Y también son partes de ti que anhelan ser desencadenadas para que puedas encontrar tu yo más libre.

Mi intención a la hora de analizar vidas anteriores es que podamos liberarnos de la forma en la que estas experiencias pasadas están manteniéndonos atadas en la actual. Al observar la sombra y la luz podemos soltar las cadenas que nos mantienen presas y somos capaces de recurrir a las habilidades y al poder que ya hemos encarnado anteriormente.

BRILLA, HERMANA, BRILLA

Pregunta a esa parte de ti que sabe:

«Si tuviera que adivinar, diría que una vida anterior que me mantiene atada es…».

¿Qué sucedió y tu alma quiere que recuerdes?

¿Qué consejo tiene hoy para ti esa parte de ti?

«Si tuviera que adivinar, diría que una de mis vidas pasadas que me fortalece es…».

¿Qué sucedió y tu alma quiere que recuerdes?

¿Qué consejo tiene hoy para ti esa parte de ti?

Si te sientes llamada a profundizar más en tus vidas pasadas, quizá te apetezca probar mi «Viaje a vidas pasadas» (Past Lives Journey, en inglés) que encontrarás en www.risesisterrise.com.

PUEDES ESTAR ASUSTADA Y, AUN ASÍ, ESTAR SEGURA

No pasa nada por estar asustada. De hecho, a la hora de resurgir, es bastante normal estar asustada o insegura. Sobre todo cuando estás haciendo el trabajo que tu alma te insta a hacer. Sobre todo si estás llamada a forjar una forma nueva de hacer las cosas y de transformarte. Si no te sintieras un poco insegura, sería muy raro.

En mi pared tengo una cita de Juana de Arco que dice:

«No tengo miedo. Nací para hacer esto».

Durante mucho tiempo he estudiado la intensidad de Juana y me he preguntado cómo podía actuar con tanta convicción. Sin embargo, ella es famosa por su valor, y no hay valor si no hay miedo; valor es afrontar aquello que te asusta. Ahora, cuando me entrego a sentir esta cita, me resulta casi un mantra porque se asegura a sí misma que puede hacerlo a pesar del miedo. Si te asusta transformarte, levantarte o abrir un camino nuevo, esta es la oración más profunda de mi corazón para ti. Encuentra el valor para levantarte a pesar del miedo, y quizá precisamente como consecuencia de él.

Estamos en un estado de cambio constante: cada momento nuevo es desconocido, no sabemos lo que está por venir ni en qué nos estamos transformando. Lo más difícil es resistirlo. Es como estar de pie en el borde del trampolín más alto y mirar hacia abajo, pararse y asimilar la altura y todo el espacio que hay entre el agua y tú; cuanto más esperas, más terrible se hace; sin embargo, si haces un gran movimiento, cuando sales a coger aire después de haberte zambullido, afirmas: «No ha estado tan mal, vamos a repetirlo».

Este es el proceso constante de levantarse, de moverse con la Vida. Cuanto más te resistes, más duro se vuelve. Sin embargo, si permites que el ritmo del movimiento te invada, empiezas a verlo como un viaje.

MANTRA DE #RISESISTERRISE

Puedo tener miedo y, aun así, estar segura.
Puedo abrir el fondo de mi corazón sin peligro.

Cada momento de cada día estamos, en un grado u otro, al borde del trampolín. Cuanto más pienses en ello y más intentes resistirte a lo inevitable, más te asustarás; sin embargo, si permites el miedo, respiras hondo y saltas al estado constante de rendición, empiezas a nadar con la Fuente. Te conviertes en la Fuente en movimiento. Y cuando el agua te atrapa, descubres que puedes estar asustada y, aun así, estar segura.

BRILLA, HERMANA, BRILLA

¿Qué te asusta y has estado evitando?

△

DEJA QUE SHAKTI TE CANTE
(EL PODER DEL CANTO)

CUANDO COMPARTES TU VOZ, abres algo en el Universo y recuperas una parte de ti que habías perdido. Nuestra voz individual es la corriente de sonido más poderosa del planeta. Si has mantenido la voz de tu alma silenciada o retenida, cantar puede cambiarte la vida de verdad. Cuando cantamos, no solo lo hacemos para liberarnos o sanarnos nosotras mismas, sino también por todas aquellas que no tienen voz y por la sanación de todas. En el Evangelio de Juan (1,1) se dice que «el sonido o la vibración es la fuerza más poderosa del universo». No podría estar más de acuerdo.

El cántico religioso se practica repitiendo nombres divinos. Es una forma de sanación vibratoria porque la corriente de sonido reverbera en todo tu cuerpo físico y te devuelve la armonía. La repetición hace que la mente se aburra y descanse, lo que permite que otra voz, nuestra voz verdadera, la voz de nuestra alma, cante a través de nosotros; si alguna vez lo has hecho o has asistido a uno de mis talleres, sabrás a qué me estoy refiriendo. En la mayoría de los casos, llega un punto en el que tu voz cambia, pues se ha eliminado una resistencia y se ha creado espacio para algo sagrado. Cuando canto, muchas veces tengo la sensación de que me pierdo y, al mismo tiempo, me encuentro, hallo mi auténtico yo. Para mí no existe ninguna otra modalidad que produzca este mismo efecto poderoso.

En la parte superior de la boca hay ochenta y cuatro puntos de meridianos que se estimulan cuando cantamos. Estos a su vez estimulan el hipotálamo, que hace lo mismo con la glándula pineal, que en consecuencia estimula todo el sistema de glándulas; por eso consigue que nos sintamos tan maravillosamente bien.

En un aspecto más sutil, lo que más me gusta de cantar es el campo unificado que se abre cuando lo hacemos. Es como si el cántico existiera en un campo propio y, cuando empezamos a practicarlo, nos conectamos al instante con él. Y al estar en ese campo, simplemente por cantar, también te conectas con todas las personas que han practicado ese cántico en el pasado, el presente y el futuro; es una cantidad ingente de apoyo y sostén divino.

Los cánticos religiosos son más que simples canciones: son invocaciones. Podemos dirigirlos a maestros ascendidos concretos, dioses y diosas. Lo único que necesitas para invocar su apoyo es poner tu intención en el canto, invitarlos a que te presten su orientación, a que se hagan presentes. Abrirte y recibirlos para que caminen a tu lado. Te sostengan. Te amen. Te apoyen.

◢

LA CORRIENTE DE SONIDO MÁS PODEROSA

Soy una mujer
en términos fenomenológicos.
Una mujer fenomenal,
eso es lo que soy.
Maya Angelou

Es probable que el siguiente ejercicio te haga sentirte incómoda, y eso es bueno. De hecho, cuanto más incómoda te sientas, más importante será para tu resurgir.

Hoy en día nos bombardean con información de una sociedad que nos dice qué aspecto deberíamos tener, qué deberíamos sentir hacia nosotras mismas, dónde deberíamos estar e incluso cómo deberíamos comportarnos. Nuestro cuerpo, nuestro trabajo, nuestro dinero, nuestra familia, nuestro trabajo...

Con tanto ruido como nos llega, es casi imposible no medirse o valorarse según estas fuentes externas.

Sin embargo, como expresa Maya Angelou de una forma tan bella en su poema *Mujer fenomenal*, existe una mujer fenomenal lista para surgir dentro de todas y cada una de nosotras. No necesita cambiar nada, solo necesita que afirmes ya su magnificencia en todo su fulgor. No existe nada más poderoso que tu propia voz, ninguna autoridad posee más influencia. Y la única forma de ser reconocida y celebrada por los demás es, en primer lugar, ver realmente, reconocer, celebrar y decir en voz alta lo que tienes de fenomenal en este momento.

PRÁCTICA: MUJER FENOMENAL

Escríbete una carta de tres páginas explicando por qué eres una mujer tan increíble. Por qué te admiras. De qué estás orgullosa. Cuáles han sido tus mayores logros. Por qué eres tan buena persona. Qué has conseguido superar, soltar, sobre qué te has elevado. Tus mayores cualidades y, en general, por qué eres tan asombrosa.

Grábate en el móvil o en el ordenador leyendo la carta en voz alta: esta es la parte importante. No esperes a que los demás te digan que eres buena. Dítelo tú a ti misma y hazlo ahora.

Escucha la grabación todos los días durante las próximas tres semanas y observa el cambio tan significativo que se produce en tu autoestima.

BRILLA, HERMANA, BRILLA

Haz el anterior ejercicio de la «Mujer fenomenal».

No desdeñes su poder.

△

DI LA VERDAD ACERCA DE TU VIDA

¿Qué pasaría si una mujer dijera la verdad acerca de su vida?
Que la Vida se abriría de par en par.
Muriel Rukeyser

SI TE SIENTES DE ALGUNA MANERA, no te preocupes, porque hay millones de personas que se sienten igual que tú. Cuando yo era joven, creía que era la única que deseaba producir este cambio en la consciencia y me aterraba hacerlo. Lo probé todo para superar este miedo antes de compartir mis escritos y mi voz, pero poco a poco me di cuenta de que mi miedo formaba parte de mi historia y de que, si yo me sentía así, a las demás les pasaba lo mismo.

Muy poquito a poco, empecé a compartir lo que escribía, y así las palabras se convirtieron en capítulos y los capítulos, en libros. Cuando dices la verdad acerca de tu vida, tanto lo bueno como lo malo, ya no tienes nada que esconder. Te liberas. Muestras al mundo lo que realmente eres y «tu gente» acude en masa a ti. Cuanto más honestamente compartas tu voz y asumas tu rareza, más fácil les resultará a tus hermanas encontrarte. Si mantienes tu voz oculta, esperando que ceda el miedo, tu gente no podrá hallarte.

Cuando eres honesta con respecto a tu vida, das permiso a otra persona para que sea honesta con respecto a la suya. Dejas de agotarte pretendiendo tenerlo todo bien organizado (algo que ninguna de nosotras hace realmente). Cuando compartes tu historia, quedas en libertad y dejas libres a las demás. Cuando eres honesta con respecto a tu vida, te concedes más espacio para disfrutarla. También las partes más complicadas. Y esas partes complicadas son en realidad las más interesantes.

BRILLA, HERMANA, BRILLA

¿Cómo puedes ser más honesta con respecto a tu vida?

△

TU VIDA ES TU MENSAJE

Todos estamos conectados. La única forma de sanar a otras personas es sanándote primero a ti misma. En mi curso por internet Work Your Light© conduzco a mis alumnos por un proceso titulado «Tu vida es tu mensaje» en el que analizamos momentos clave de su historia y las cosas que necesitaban oír en ellos. Nunca deja de asombrarme cómo actúa este proceso. Nuestra vida es de verdad nuestro mensaje, y cuando dejamos que la sanación se produzca a través de nosotras es cuando podemos producir una influencia sanadora en el mundo.

Tu mensaje es aquello que más necesidad tenías de oír.

Cuando dedicamos nuestra vida a levantarnos, nos comprometemos de verdad con ser la persona que desearíamos tener para que nos guiara. Cuando escribo mis libros, no lo hago para convencer a otra persona de una determinada manera, sino que los dirijo a esa parte de mí que necesitaba oír lo que ahora tengo que decir. Y como todos estamos conectados, hay otras personas que también se identificarán con ello.

PRÁCTICA: TU VIDA ES TU MENSAJE

Coge una hoja de papel A4 y colócala en horizontal. Traza una línea de izquierda a derecha: es tu línea temporal. El extremo izquierdo es el día que naciste y el derecho, el momento actual.

Marca momentos significativos de tu vida, aquellos que destaquen. Pueden ser pequeños, como un día feliz con tu familia en la playa, o enormes, como el fallecimiento de tu madre.

Repásalos uno por uno y pregúntate qué necesitabas oír en cada uno de ellos. Anótalo.

Cuando hayas completado todos los momentos, repasa tus notas e intenta encontrar un hilo común.

A todos los que nacieron
antes de tiempo:
ese tiempo es
AHORA.

△

¿QUÉ TIENES QUE HACER?

Muchas veces, el camino que debes recorrer es exactamente aquel para el que no te sientes preparada.

Recórrelo de todas maneras.

Muchas veces, lo que está surgiendo en nosotras nos resulta mucho más grande de lo que creemos que podríamos abarcar.

Sé un recipiente para ello de todas maneras.

Muchas veces, nuestras creaciones parecen tener una conciencia propia salvaje e incontrolable.

Alúmbralas de todas maneras.

Muchas veces, lo que es nuestro nos parece más un desafío que una elección.

Elígelo de todas maneras.

Muchas veces, lo que tenemos que hacer es precisamente aquello que más nos intimida.

Sé valiente y hazlo de todas maneras.

Ella se dio cuenta de que
aquella a la que llevaba tanto tiempo esperando
había sido ella misma todo el tiempo.

△

ERES INFINITA

Eres infinita. Lo que eres capaz de hacer no tiene límite. No eres tus padres, no eres tu civilización, no eres tu sexo ni tus parejas sexuales, no eres tu historia, no eres lo que los demás dicen que eres y no eres tus errores.

Puedes intentar limitarte con todas tus fuerzas, pero jamás lo conseguirás del todo. Eres la hija divina de un Universo en suave expansión que te acuna en cada paso del camino. El cosmos aterrizado un único momento en el tiempo antes de la siguiente metamorfosis. Una expresión viva de luz.

Puedes luchar y hacer todos los planes que quieras, pero, por mucho que te esfuerces o te resistas, la Vida nunca se rendirá y seguirá encontrando formas para hacerte prosperar. Tú formas parte de la Vida y la Vida siempre encuentra un camino. Tu tiempo aquí es un momento fugaz, así que no te pases los días resistiéndote a lo que eres ni comparándote con otros. Entrégate y deja que la Vida te mueva. Deja que salga todo aquello que está estallando dentro de ti.

BRILLA, HERMANA, BRILLA

Si supieras de verdad que eres infinita y que todo es posible,
¿qué permitirías que sucediera?

△

DESENRÉDATE

No me considero una persona tradicional, sino una persona universal.
En lugar de regirme por normas rígidas, prefiero ser libre de corazón.
ABUELA FLORDEMAYO

E N EL TRANSCURSO DE NUESTRA VIDA, las cosas que no hemos sido capaces de liberar nos enredan. Cosas que hemos asumido por obligación. Cosas en las que hemos aprendido a ser buenas, pero que no forman parte de nuestra verdadera naturaleza. Las cosas que en su momento se ajustaban a lo que éramos, pero que ya no se ajustan a lo que somos hoy. Por eso no hacemos un corte limpio, nos atamos a ellas todo el tiempo posible y elegimos no elegir.

Con el paso de los años, las cuerdas de las cosas a las que en su momento nos aferrábamos empiezan a rodearnos los pies. Nos hacen tropezar una y otra vez y nos mantienen abajo cuando intentamos levantarnos, hasta que un día comprendemos al fin que, si no nos desenredamos, no seremos realmente libres jamás. Y aquello a lo que te estás aferrando tampoco será libre jamás si continúa aferrándose a ti.

BRILLA, HERMANA, BRILLA

¿Qué te está enredando? ¿Qué has tenido miedo de soltar?
¿Qué te está impidiendo levantarte?

No había cuerdas
suficientemente fuertes como para mantener su espíritu ata⁻

△

LA SOMBRA NO ASUMIDA

No PODEMOS ALCANZAR una luz y una luminosidad auténticas si previamente no asumimos nuestra sombra. Así como el roble majestuoso no puede alzarse sin tender primero un intrincado sistema radicular hacia las profundidades de la tierra, nosotras tampoco podemos levantarnos de verdad si no analizamos antes nuestro trasfondo. Trabajar con la sombra no es algo que pueda hacerse de una vez; debemos cuidar nuestro jardín con regularidad desarraigando las malas hierbas antes de que se lleven el alimento que necesitamos para crecer.

Nuestra sombra es nuestro billete de regreso a casa. Si la ignoras o la destierras, ella te controlará desde dentro. Si escuchas lo que tiene que decirte, lo que hizo que fuera tal y como es, lo que en su momento negó, ella te dirá todo lo que necesitas saber para liberarla y liberarte a ti misma.

Las personas más brillantes que conozco lo son porque han asumido todas las sombras de su naturaleza humana. La sombra no es algo de lo que podamos librarnos de una vez por todas utilizando la espiritualidad.

Posee precisamente aquello que más despreciamos en los demás. Por ejemplo, es posible que tu parte oscura tenga miedo de compartir tu voz, y puede manifestarse impidiéndote sentirte contenta por la gente que sí comparte la suya; puede incluso que te molestes y te frustres con aquellos que la comparten de una forma falsa. Puedes ocultar esa parte de ti o considerarla una invitación para admitir que tienes miedo. Y entonces buscar el valor necesario para compartirla.

BRILLA, HERMANA, BRILLA

¿Qué parte de tu sombra estás pretendiendo que no exista?

¿En qué te está esto impidiendo acceder a tu poder?

HAY MUCHAS COSAS POR LAS QUE PODEMOS ESTAR ENFADADAS

Una mujer sabia desea no ser enemiga de nadie;
una mujer sabia se niega a ser la víctima de nadie.
MAYA ANGELOU

NO PASA NADA POR ESTAR enfadada. De hecho, es BUENO. Es saludable. Y santo.

Hay muchas cosas por las que podemos estar enfadadas: el estado de la tierra; estar constreñidas por un sistema que intentó extinguir el espíritu femenino salvaje; el abuso contra los derechos humanos que se está produciendo ahora mismo en todo el mundo; vivir en una sociedad que enseña a las mujeres a avergonzarse de su cuerpo si no encajan en una forma, una edad o un tamaño concretos; vivir en una sociedad en la que aquello que les sucede a todas las mujeres cada mes de sus vidas se convierte en algo que debe atenderse, pero no dejarse ver; sueldos desiguales; la persecución de las brujas y la propaganda que la acompañó; la persecución que sigue en marcha hoy en día.

Durante demasiado tiempo, las mujeres han sido obligadas a contener su rabia y a mantenerla bien envuelta dentro de ellas. Sin embargo, a medida que se va acercando cada vez más el final del patriarcado, en muchas de nosotras ese envoltorio se ha abierto de par en par y muchas mujeres empáticas están sintiendo las repercusiones de ello. Están experimentando periodos de ira, resentimiento, rabia, verdad y aflicción reprimidos que recorren su organismo. Aunque puede resultar incómodo, es necesario que lo sintamos, porque cuando nos permitimos sentir realmente la ira, esta deja paso a algo realmente mágico; la ira tiene la capacidad de ser transmutada en algo útil: la pasión.

Como sucede en las emociones humanas más extremas, la línea que las separa es muy fina. La ira y la pasión están tejidas con los mismos hilos, y ambas nos exigen que nos entreguemos completamente a ellas. No puede haber pasión si no se concede a la ira la oportunidad de vagar libremente.

La pasión es la ira transmutada en acción positiva. La ira transmutada en pasión hace que se produzcan las creaciones, así que, en lugar de permanecer en la ira (hacia lo que estás en contra), encuentra una forma de transmutarla en pasión (hacia lo que estás a favor). Si retienes la ira, estarás reteniendo tu pasión, pero el mundo necesita más personas apasionadas, porque estas personas son las que producen los cambios. No estoy sugiriendo que todas debamos lanzar broncas furibundas a todo aquel que quiera escucharnos, lo que quiero decir más bien es que asumas lo que te enfurece y expreses ese enfado de una forma saludable para que la energía pueda ser transmutada en algo por lo que merezca la pena apasionarse. La pasión tiene el potencial de cambiar las cosas.

**Deja que tu pasión sea el impulso
que cambie cosas en tu mundo.**

Transmuta la ira que te produce aquello que no te gusta en pasión para crear lo que sí te gusta.

BRILLA, HERMANA, BRILLA

¿Qué es lo que más te enfurece?

¿Cómo puedes transformar esa furia en pasión?
(Lo que no te gusta en lo que sí te gusta).

△

MADRE DIVINA DURGA MA

Gracias por ayudarme a experimentar todos los sentimientos
que no estoy acostumbrada a sentir,
por muy incómodos que puedan ser.

Gracias por recordarme que debo ofrecérselos a la
luz en lugar de desterrarlos a las sombras.

Y que a veces es necesario podar cosas
para que, cuando llegue la primavera, puedan florecer y surgir.

Y así es. Y así es. Y así es.

△

CANALIZANDO TU KALI INTERIOR

L A PRIMERA VEZ QUE ENTRÉ en contacto con mi Kali interior fue en el 2010. Al acercarme a mi retorno de Saturno, cada vez me costaba más mantener la estabilidad en mi vida. Había hecho exactamente lo que se supone que debe hacer una buena chica: estudiar mucho, ir a la universidad, trabajar duro, tener cada vez más éxito, establecer una relación sentimental y blablablá, pero todo aquello no me llenaba en absoluto. Al acercarse el año 2012 sentía que todo se iba a derrumbar en cualquier momento. Cuanto más me esforzaba por mantener la estabilidad, más difícil me resultaba.

Sentía que un cierto salvajismo estaba empezando a colarse en mí, se manifestó en el hecho de beber mucho entre semana con mi amiga Amy Firth. Era una diversión muy honesta, pero había una parte temeraria de nosotras que anhelaba la destrucción, como si existiera una aflicción o una rabia ancestral a la que no se hubiera dado voz y que nos estaba haciendo portarnos mal.

Una noche, mientras nos tambaleábamos por las calles de Fitzrovia, le dimos voz a ese sentimiento. Le hablé a Amy de una antigua tradición irlandesa llamada *keening* según la cual las mujeres deben lamentarse de sus emociones en voz alta. Decidimos probar en un intento por expresar todas las intensas sensaciones que estábamos percibiendo, y empezamos a soltar a gritos cosas insensatas y tacos.

Amy chilló: «¡¡¡¡¡¡¡¡¡SOY UNA PUUUUUUTAAAAA!!!!!!!!!!» todo lo fuerte que puede gritar un ser humano y durante todo el tiempo que resulta humanamente posible. Cuando terminó, nos miramos y caímos al suelo riendo sin control.

Entonces dije: «Muy bien. Ahora me toca a mí». Inspiré hondo y grité la misma frase: «¡¡¡¡¡¡¡¡¡SOY UNA PUUUUUTAAAAAA!!!!!!!!!!».

Ambas explotamos de risa otra vez, impresionadas y un poco asustadas por la violencia que la otra contenía.

Esto se convirtió muy pronto en nuestro ritual para volver a casa y, de hecho, en la mejor parte de la noche.

Ahora, al cabo de los años, tanto Amy como yo somos sanadoras de profesión. Bromeamos diciendo que lo que realmente estábamos expresando mientras nos tambaleábamos por aquellas calles era: «¡SOY UNA SAAAAANAAAADOOOORAAAAA!».

Hay ocasiones en las que la locura no es más que unos sentimientos que durante mucho tiempo han estado reventando por salir.

BRILLA, HERMANA, BRILLA

Prueba. Piensa en toda la emoción reprimida que tienes guardada en tu interior. Escríbela y sácala con un buen lamento celta. Mejor aún, invita a una amiga y hacedlo juntas.

△

TENDENCIAS CONTROLADORAS

CUANDO INTENTAMOS CONTROLAR las cosas, nos resistimos al flujo de la Vida. Dependemos de nuestra propia fuerza. Intentamos mantener todo en su sitio por miedo a lo que podría suceder si dejamos de tener mano de hierro. Creemos que, si no estamos ahí para mantenerlo todo como debe estar, va a suceder algo malo.

Debajo de cada maniática del control existe un miedo a soltar, a no ser apoyada, sostenida y cuidada.

Es imposible confiar y controlar al mismo tiempo. Es imposible jugar y estar controlando al mismo tiempo. Es imposible saltar con valor y ser una maniática del control al mismo tiempo.

Estás más apoyada de lo que podrías llegar a calcular, lo único que se interpone en el camino de permitirte sentir este apoyo es la creencia de que no lo estás. ¿Podrías encontrar el valor y la fe necesarios para saltar? Ella está esperando para cogerte.

BRILLA, HERMANA, BRILLA

¿Qué estás intentando controlar?

¿Qué se esconde detrás de tus tendencias controladoras?

△

MADRE OSCURA KALI MA

*Gracias por mecerme, a mí y a mis cimientos,
cuando mi alma gritaba buscando la salida.*

*Gracias por quemar tercamente la torre
cuando yo no me decidía a abandonarla por mí misma.*

*Gracias por seguir retirando todas las capas de
protección, para no dejarme más posibilidad que quedarme
desnuda tal y como soy.*

*Gracias por enviarme una ola tras otra para que me
convenciera de que puedo bandear todo aquello que me llegue.*

*Gracias por servirme a todos aquellos que no me veían,
para obligarme a verme realmente a mí misma.*

*Gracias por reclutar a los que me odian, para que
pudiera aprender a valorarme y a quererme.*

*Gracias por enviarme a aquellos que nunca me podrán
comprender,
para que me viera obligada a conocerme y a confiar en mí
misma.*

*Gracias por acercarme a aquellos que me ignoran,
para que pudiera descubrir lo mucho que tengo para compartir.*

Gracias por seguir pillándome desprevenida, para que pueda ver todas las formas en las que intento protegerme de la vida.

Gracias por amarme con tanta intensidad, por mucho que yo gritara y pataleara.

Estaba tan comprometida
con lo que estaba
surgiendo en ella,
que una parte de sí misma
Murió
Y
Renació

Todos.
Y.
Cada.
Uno.
De.
Los.
Días.

▲

TODOS TUS SENTIMIENTOS
SON SAGRADOS

Da salida a todos tus sentimientos. Déjalos estar aquí, porque existen para que los sientas. No te los guardes, los sentimientos guardados y enterrados son tóxicos. De vez en cuando tenemos que dejar que reine nuestra *banshee*[5] interior.

La frustración, cuando se expresa de la forma correcta, recibe la oportunidad de ser transformada en un poder como el de Kali. Canaliza a tu Juana de Arco interna, quéjate y patalea, confía en tu cuerpo y quémalo todo. La rabia, la vergüenza o cualquier otra cosa que sientas no son algo pecaminoso; de hecho, son sagradas si las canalizas bien. Guarda duelo por las pérdidas. Expresa tu desagrado por lo que ha sucedido, por lo que debería haber sucedido o por lo que podría haber sucedido; haz cualquier cosa que debas hacer para darle salida. Si queremos estar realmente libres, ya no podemos guardárnoslas dentro, tenemos que soltarlas.

Hay una canción que siempre pongo en cuanto noto que empiezo a acumular frustración: *Chandelier*, de Sia. Grito, chillo, me agito y patalea. Y en algún momento de los tres minutos y treinta y seis segundos que dura, mi frustración da paso a algo sagrado que ocupa su lugar.

---

[5] Las *banshees* son espíritus femeninos de la mitología irlandesa que se acercan a las personas para anunciarles, con llantos y gritos, la muerte de una persona cercana. *(N. de la T.)*

Se puede hacer lo mismo con un buen desahogo junto a alguien que sea capaz de arroparte sin juzgarte. Es lo que me ha pasado hoy mismo, por ejemplo, a raíz de un correo electrónico que me disparó. Mi marido, Craig, volvió a casa enfermo del trabajo y se acurrucó en el sofá a mi lado; al sentir mi frustración, me preguntó si quería desahogarme de algo. Y vaya si quería...

Él me arropó en lo que resultó ser un monólogo de media hora. Muy pronto, la frustración se convirtió en rabia y esta, a su vez, en vergüenza. Poco después, la vergüenza se transformó en compasión y, en seguida, la compasión se volvió comprensión. La comprensión se hizo conocimiento; el conocimiento, inspiración, y la inspiración, pasión. Dos horas más tarde había escrito cinco capítulos nuevos de este libro.

Si no hubiera permitido que Shakti se moviera libremente, si hubiera mantenido la vergüenza en las sombras intentando ser una «buena chica», si hubiera guardado silencio tragándome los sentimientos desagradables, lo más probable es que hubiera pasado todo el día sentada ante mi mesa sintiéndome atascada, porque los sentimientos y la energía de mi cuerpo habrían estado también atascados. Ahora, sin embargo, me voy a la cama sintiéndome libre, apoyada, sostenida y agradecida por haberme expresado con tanta libertad y por haber podido transformar esa vergüenza en algo productivo.

Dale una vía de salida a todos tus sentimientos. Todo lo que sientes es sagrado.

PRÁCTICA: TRANSMUTA TUS SENTIMIENTOS

La única forma de transmutar tus sentimientos es SENTIRLOS. Si no nos damos permiso para reconocerlos y sentirlos, nos mantendrán atadas. Sin embargo, esos sentimientos no son lo que nos mantiene atrapadas, sino más bien la puerta energética que nos puede liberar. Al sentirlos sin dejarnos arrastrar por ellos es cuando pueden producirse la sanación auténtica y los descubrimientos.

1. Siéntate en una silla o túmbate en la cama y empieza a respirar muy hondo mientras te conectas con la tierra que te sostiene. Sigue respirando muy hondo y empieza a analizar tu cuerpo, con tu ojo sintiente, de la cabeza a los pies, dejándote atraer hacia una zona concreta.

2. Inspira y exhala y observa qué sensaciones te produce esa zona. Sin intentar entender ni hacer nada con ella, deja que lo que está ahí esté plenamente. Inspira y exhala hondo, sé curiosa y deja que ese sentimiento esté ahí tanto emocional como físicamente. Observa las sensaciones que te produce.

3. ¿Cuánto tiempo lleva ahí? ¿Es tuyo o de otra persona? ¿Qué sensaciones te produce en el cuerpo? ¿De qué color es? ¿Qué forma tiene? ¿Qué edad tiene? ¿Es nuevo o antiguo? ¿Es de esta vida o de otra? ¿Qué está protegiendo? ¿Qué quiere que sepas? ¿Qué ha desencadenado este sentimiento en ti?

4. Inspira y exhala hondo y deja que tu respiración transmute todo aquello que esté listo para ser transmutado. Deja que todo esté aquí. Sé consciente de que no tienes que hacer nada más que permitir que todo esté aquí porque está aquí. Tus sentimientos y tu cuerpo saben cómo curarse a sí mismos. Permite que todo aquello que esté listo para caer lo haga a través de tu respiración. Cuando el sentimiento haya sido transmutado, continúa revisando tu cuerpo en busca de otras emociones atrapadas. Respira hondo y deja que tus cuerpos emocional y físico hagan lo que mejor saben hacer.

Lágrimas calientes y humeantes
corrieron por su rostro.
Pero, en lugar de secárselas,
las dejó

R
O
D
A
R

L
I
B
R
E
M
E
N
T
E
.

Porque, en cierta ocasión, una mujer sabia
le dijo que sus lágrimas
eran las aguas
más sanadoras de todas.

¿CÓMO LES GUSTA MÁS MOVERSE A TUS CUERPOS SUTILES?

Deportista por naturaleza, yo era la niña que practicaba todas las actividades deportivas que existen bajo el sol: jugaba al *netball* y bailaba, trepaba a los árboles y saltaba del trampolín; quería experimentarlas todas. Siempre estaba al aire libre subiendo a los árboles y aprendiendo el último baile de los videoclips y los musicales de Broadway. Sin embargo, a partir mi despertar, el cuerpo físico se convirtió en la parte de mí que dejaba en último lugar.

Incluso de adolescente acudía a kinesiólogos y sanadores que quisieran trabajar sobre el cuerpo, pero estaba mucho más interesada en las percepciones espirituales que pudiéramos desvelar. Recuerdo que consideraba a mi cuerpo como algo que me entorpecía, que me impedía experimentar todo aquello que tenía tanta prisa por explorar. A medida que iban progresando mi viaje y mi carrera, prefería pasar mi tiempo aprendiendo y desarrollando mis cuerpos emocional, mental y espiritual más que el físico. Al echar la vista atrás me doy cuenta de que estaba intentando ser una especie de supermujer, estaba sorteando la normalidad que acompaña al hecho de estar en la tierra y eligiendo pasar el rato con mis cuerpos emocional, mental y espiritual.

Hasta mi adicción al café era un intento de resistirme a mi humanidad. Forzaba mi cuerpo físico hasta unos niveles de productividad extremos, muy superiores a lo que permitiría de forma natural, pero eso era lo que exigía mi cuerpo mental. Estaba constantemente acelerada, como si tuviera que hacer tantas cosas mientras estuviera aquí que no me quedara más remedio que ponerme a ello. El hecho de saber que mi cuerpo no reaccionaba nada bien al café no me bastaba para dejarlo. Sin embargo, cuando descubrí que estaba afectando a mi sensibilidad intuitiva y a mi capacidad para manifestar (porque mi energía estaba siempre tan acelerada que no podía recibir), conseguí dejarlo en nada de tiempo.

Creo que a muchas almas antiguas nos cuesta mucho estar en un envoltorio humano, y nos frustramos, nos sentimos atrapadas e incómodas. En ocasiones intentamos sortear las leyes de la tierra, pero, al hacerlo, no solo dejamos de experimentar algunos de los placeres que nos ofrece este planeta, sino que tampoco somos capaces de poner plenamente a tierra nuestra energía, tan necesaria si queremos hacer algo importante aquí, sea lo que fuere lo que queramos crear. El movimiento físico es crucial para ello, sin embargo, además de forzarte a ir al gimnasio, consulta también a tus cuerpos sutiles mental, emocional y espiritual.

Nuestros cuerpos sutiles incluyen a los cuerpos físico, emocional, mental y espiritual, pero no se limitan a ellos. Si no permitimos que nuestros pensamientos, emociones y traumas, tanto actuales como pasados, se expresen de alguna forma, se van acumulando y se quedan atascados. Estancados. Bloqueados. Los recuerdos de vidas pasadas, por ejemplo, se almacenan en el cuerpo emocional. Para que podamos sentirnos libres y equilibradas, es conveniente que comprobemos cada uno de nuestros cuerpos sutiles y les preguntemos qué es lo que más anhelan mover para transmutar cualquier energía bloqueada.

Tras años de fracasos con gimnasios, entrenadores personales, mancuernas y balones suizos, he descubierto que lo que mis cuerpos sutiles consideran más significativo y añoran es el movimiento físico fluido que me permita moverme y expresarme libremente. Considero que mis creaciones dependen de él. Cuando dejo que mi cuerpo se libere y se mueva con fluidez es como si estuviera reforzando mi capacidad para ser movida por mi alma y abriendo la sabiduría de mi cuerpo físico. Cuanto más consulto a mis cuerpos mental, emocional y espiritual y les dejo que me muevan, más libre me siento en mi cuerpo físico, como si estuviera limpiando los campos energéticos que me rodean y permitiéndoles comunicarse entre sí. Yin yoga, siddha yoga, kundalini yoga, caminar en la naturaleza y el baile intuitivo: he tardado un tiempo, pero he descubierto que estas formas de ejercicio limpian, calman y liberan mis cuerpos sutiles y me permiten encarnar de verdad mi alma y dejar que Shakti se mueva a través de mí.

Si me pusieras en una cinta de correr, en una clase de *spinning* o en un entrenamiento militar para civiles con un monitor voceándome, me cerraría. Saber qué formas de movimiento son las más anheladas por tus cuerpos físico y sutil es algo muy poderoso.

Hace poco, una amiga me inspiró para empezar a nadar como práctica devocional. En lugar de hacer largos para perder peso o por algún otro motivo, yo dedico cada brazada a entonar cánticos religiosos para estar en armonía con el planeta. Mi canto favorito es el antiguo mantra yóguico *Ra Ma Daa Saa, Saa Say So Hung*. Aquí tienes la traducción:

- Ra: Sol.
- Ma: Luna.
- Daa: Tierra.
- Saa: Infinidad impersonal.
- Saa Say: Infinidad total.
- So: Sentido personal de fusión y de identidad.
- Hung: El infinito.

Es un cántico kundalini fabuloso para sanar. Mientras lo entonas, puedes enviar sanación a otra persona, al planeta o a ti misma. Con cualquier cántico que esté entonando en ese momento, imagino que cada brazada me desliza cada vez más a mi verdadero yo.

BRILLA, HERMANA, BRILLA

Pregunta a la parte de ti que sabe:

¿Qué tipo de movimiento nutre a tu cuerpo físico?

¿Qué tipo de movimiento nutre a tu cuerpo mental?

¿Qué tipo de movimiento nutre a tu cuerpo emocional?

¿Qué tipo de movimiento nutre a tu cuerpo espiritual?

¿Qué tipo de movimiento es el que más anhelan tus cuerpos sutiles?

△

PERMITIENDO QUE SHAKTI TE BAILE

Tu cuerpo posee sabiduría, recuerdos y vidas encerrados en él. Los tuyos propios y los de todas las mujeres que han vivido antes que tú, de tu linaje directo y fuera de él.

Cuanto más te balanceas, te giras, das vueltas, te mueves y te agitas, más te abres, te despliegas, te desenmarañas y te desatas. Cuanto más dejas que tu cuerpo se mueva tal y como desea hacerlo, más libre te sientes. Deja que el movimiento sea la medicina de tu alma. Deja que la Shakti enrollada en tu interior se levante y gire libremente.

Estás aquí para recordarlo, para desvelarlo y para transmitirlo todo. No bailes desde la cabeza, hazlo desde las profundidades de tu alma ancestral. Déjate ser bailada. Deja que Shakti te baile.

El baile es algo a lo que siempre vuelvo. Lo practiqué de pequeña, como tantas niñas, pero hasta que no tuve casi veinte años no empezó a ser una práctica del alma. Cuando tenía la casa para mí, conectaba los altavoces y hacía lo que yo denominaba danza interpretativa: dejaba que mi cuerpo fuera movido por la fuerza creativa que salía de mi interior y me doblaba, saltaba, me agitaba y me movía de la forma que mejor me hiciera sentir. Cuando estudiaba para los exámenes, me concedía «descansos de danza interpretativa» y me sorprendía lo recargada, libre y centrada que me sentía a pesar de llevar horas y horas recluida ante mi mesa.

En los bailes del colegio recluté a algunas amigas para formar el «Grupo de Baile de Becky», que acabó siendo todo un espectáculo por sí mismo. Nos vestíamos según un tema (cuando no había uno concreto asignado) y saltábamos a la palestra para pasar toda la noche bailando. Y el hecho de dejar que Shakti se moviera a través de nosotras nos resultaba mucho más excitante que charlar con los chicos.

De los veinte a los treinta años, mi práctica de la danza permaneció en hibernación, y con cada año que pasaba me iba sintiendo más y más atrapada. En el 2010, una de mis profesoras me recordó mi historia de amor con el baile y, al reincorporar a mi vida esta práctica ancestral, sentí cómo se me soltaban los grilletes. Al permitir que me moviera una fuerza muchísimo mayor que yo, noté cómo la Shakti empezaba a despertar una vez más. No era yo la que bailaba, sino ella la que me movía.

BRILLA, HERMANA, BRILLA

¿Hace cuánto tiempo que no bailas?

Ella bailaba porque
estaba agradecida por estar viva.
Estaba agradecida por estar viva
porque bailaba.

△

ELEGIR ESTAR AQUÍ AHORA

«El largo sueño de la Diosa Madre ha terminado.
Que despierte en cada uno de nuestros corazones».
STARHAWK

S E CREE QUE LA TIERRA es el lugar más denso del sistema solar. Muchas veces les digo a mis clientes y alumnos que, si conseguimos encender nuestra luz aquí, podremos encenderla en cualquier otro lugar.

En el nivel del alma, estamos acostumbradas a ser una. Sin embargo, la experiencia terrenal nos coloca en cuerpos separados. Experimentamos polaridad y dualidad y todo lo que conlleva ser humanas.

Muchas sienten el peso de estar atadas por nuestros cuerpos humanos independientes. La carga de estar en un cuerpo femenino, de que cada mes nos pongan una zancadilla, sobre todo a lo largo de los últimos miles de años de patriarcado en los que a las mujeres no se les ha reconocido el hecho de ser el recipiente divino que es Ella. Es como si lleváramos haciendo este viaje durante muchísimo tiempo y como si todavía no estuviéramos seguras de cuánto tiempo queremos seguir regresando aquí.

Si este es tu caso, quiero que sepas lo siguiente:

Este es el momento para el que nos hemos estado encarnando.
Aunque es posible que este planeta no sea tu hogar original,
aunque quizá te resulte difícil estar en un cuerpo humano,

aunque el estado del planeta pueda no estar alineado con
tu experiencia ideal de él, tú elegiste estar aquí ahora.
Ser humana ahora. Ser una mujer ahora.
Volver a traer los códigos femeninos de sanación y liberar la voz
femenina ahora.
Este es el momento de curar
nuestras heridas y de entrar en nuestra femineidad. De iniciarnos
a nosotras mismas tal y como desearíamos ser iniciadas.

Para poder hacerlo debemos aceptar nuestra humanidad y todo lo
que esta conlleva, y aprender a estar presentes en nuestro cuerpo ahora.

Tu cuerpo femenino alberga muchísima sabiduría; una sabiduría
que está esperando a ser descubierta cuando te concedas a ti misma espacio para respirar y recibirla; una sabiduría que está esperando a ser
puesta en libertad cuando te concedas a ti misma la libertad de moverte
y de ser movida. De este modo, el sufrimiento femenino colectivo será
transmutado y abrirá camino a todas para que escuchen la llamada.

BRILLA, HERMANA, BRILLA

¿Cómo puedes honrar más tu cuerpo humano?

¿Cómo te gustaría ser iniciada en la femineidad?

¿Puedes concedértelo a ti misma ahora?

Sostenida por la tierra.
Movida por la luna.
Encendida por el sol.
Mecida por el mar.
Ella era una fuerza
con la que había que contar.

△
TENGO CUERPO

Para las mujeres, una de las formas más significativas por las que nos impedimos a nosotras mismas acceder a nuestro poder y levantarnos es sintiendo que hay algo que no está bien en nosotras o que no estamos suficientemente preparadas por el aspecto que tiene nuestro cuerpo. Vivimos en una sociedad que idealiza imágenes de mujeres sumamente retocadas y con una realidad distorsionada, y considera que otras reales, como Lena Dunham y Amy Schumer, tienen un tamaño «extragrande» cuando lo cierto es que son NORMALES…, si no más esbeltas que la mujer media. Con este bombardeo constante de locas distorsiones del cuerpo que nos meten a través de las revistas y la publicidad, no resulta extraño que la mayoría de nosotras estemos como corriendo en una cinta de aceptación corporal que jamás se detiene. Nos decimos que, si pudiéramos bajar una talla, o tres, de ropa, estaríamos contentas con nuestro cuerpo.

Utilizamos la comida como una forma de controlar la vida o de acallar nuestro «demasiado» (*véase página 122*). Hace poco hice un viaje de chicas con otras escritoras y periodistas y, al volver a casa, noté una sensación de tristeza en mi corazón; al investigarla, descubrí que se debía a que muchísimas de las conversaciones giraban una y otra vez en torno a los temas del peso, la comida y el aspecto físico, lo que revelaba una sensación de que nuestro aspecto y nuestro cuerpo no eran como debían ser en muchas de nosotras, yo incluida. Ahora bien, las mujeres del viaje eran unas de las más conscientes que conozco y por eso me resultaba tan triste comprobar que, después de todo el trabajo que había hecho cada una de nosotras, esa sensación de incorrección seguía existiendo.

Aceptar el cuerpo no significa alcanzar tu peso ideal, sino amarlo y aceptarlo tal y como es ahora mismo. No hace falta que lo ames, pero puedes empezar a aceptarlo tomando la decisión de verlo con compasión y no comparándote con un ideal distorsionado que ni siquiera es real ni, lo que sería igual de malo, esforzándote por alcanzar el tamaño o la forma ideales que tenías hace cinco años.

Hace poco me compré una Nintendo Wii con la idea de que los juegos de baile me proporcionarían unos descansos rápidos y divertidos cuando estoy escribiendo. Al instalarla, la muy borde me tomó las medidas y pronunció en voz muy alta para que lo oyera toda la habitación (Craig y yo): «Tienes un ligero sobrepeso».

«¡Serás h...!», pensé. Y me puse a rezongar de lo mal que estaba que una máquina estúpida me estuviera diciendo en voz chillona el aspecto que debería tener. Sin embargo, cuando me serené, me di cuenta de que, en realidad, estaba molesta porque no había aceptado mi propio cuerpo. Si lo hubiera hecho, no me habría importado lo que dijera una máquina. Y al reflexionar sobre ello comprobé que, en un momento de mi vida en el que tantas cosas iban bien y tantas otras demandaban mi atención, lo que había descuidado había sido el ejercicio físico. Ya lo sabía. Lo había elegido conscientemente. Sin embargo, seguía esperando que mi cuerpo permaneciera igual que cuando me ejercitaba una hora al día o que tuviera el mismo aspecto que cuando tenía veinticinco años.

El peso extra que acarreaba estaba formado por cosas muy reales: dos años de celebrar que estaba enamorada, el alumbramiento de dos libros al mundo y el hecho de afrontar el miedo que me había acompañado durante toda mi vida de compartir la voz de mi alma a través a mis creaciones. ¿Estaba dispuesta a cambiar algo de todo eso? No.

Vivimos en un mundo cíclico. No se supone que debamos tener un aspecto determinado más allá de este momento concreto. Estamos en constante cambio, somos seres cíclicos que hemos venido para experimentar el cambio, para experimentar nuestra alma en un cuerpo humano a lo largo del tiempo. Y los cuerpos humanos están en un estado de cambio constante. Si nos esforzamos por dar marcha atrás al reloj o por volver a un estado anterior, vamos en contra del flujo de la Vida.

Para hacer el trabajo que hemos venido a hacer y despertar de verdad, tenemos que ser capaces de encarnarlo plenamente, de sostener la vibración de nuestro mensaje/llamada/creaciones. Y para ello, lo primero es aceptar el milagro de tener un cuerpo tal y como es, en este instante.

PRÁCTICA: TENGO CUERPO

Colócate de pie y desnuda delante del espejo durante tres minutos al día durante tres semanas. Si te apetece, puedes poner una canción o un mantra, como *Om Nama Shivaya* (que significa 'honro mi verdadero yo') cada vez que lo hagas.

Observa tu diálogo interior mientras contemplas todo tu ser en el espejo. Deja que emerjan todos tus sentimientos y juicios. Este es el diálogo interior que llevas contigo, estás escuchándolo a diario y siempre.

Observa cómo, a medida que pasas más tiempo delante del espejo, tu diálogo interior empieza a suavizarse y a ceder ante el amor y la compasión. Observa cómo la imagen distorsionada de tu verdadero aspecto empieza a volver a la realidad.

Quizá descubras también distintas partes de tu cuerpo en las que estás albergando daños, dolor, ira, vergüenza o tristeza. ¿En qué parte estás reteniendo tus sentimientos, tu voz, tu verdad, tu grandeza? ¿En qué parte estás reteniendo cosas que ni siquiera son tuyas? Puede que la tripa te recuerde una creación que está lista para ser alumbrada. Tu hombro izquierdo podría estar intentando convencerte para que descanses más a menudo. Es posible que tus caderas estén añorando bailar.

Aviso: Este ejercicio puede cambiarte la vida. La incomodidad se transformará en aceptación.

△

TÚ ERES INCAPAZ DE DETERMINAR MI VALÍA

El destino susurra al guerrero: «No puedes resistir a la tormenta»,
y el guerrero responde susurrando: «Yo soy la tormenta».

ANÓNIMO

LOS ÁRBOLES NO ENCOGEN o se yerguen dependiendo de quién se encuentre debajo de ellos; asumen su grandeza pase lo que pase. Las flores no se abren ni se cierran dependiendo de quién pase por su lado; exhiben su belleza pase lo que pase.

No dejes que la presencia de otra persona cambie tu verdadera naturaleza. No dejes que su poder o su habilidad cambien aquello que es grande en ti. No dejes que la opinión de otro cambie la tuya. No te expandas ni te encojas dependiendo de quién esté a tu lado. No permitas que las situaciones o las personas determinen lo alto que te yergues ni lo fuerte que te sientes. No cambies el tamaño de tu presencia según la grandeza o pequeñez de otra persona.

Camina como si fueses un roble majestuoso, ábrete como si fueses una rosa real. Sé consciente de que mereces estar aquí tanto como cualquier otro. No te valores según el número de tus seguidores o el cartel que aparezca en la puerta de tu oficina. Respeta y admira a tus mayores, pero no entregues tu poder a otra persona, pues lo necesitas para ti y no pertenece a nadie más que a ti.

Si acudes a otro en busca de cualquier tipo de aprobación, estás entregando tu poder diciendo: «Si tú lo apruebas, entonces yo soy». Tú ya ERES todo lo que eres, no necesitas que ninguna fuerza exterior lo considere así.

Como ya he dicho, la sociedad patriarcal se ha construido siguiendo un modelo lineal en el que unos pocos dirigen a muchos *(véase página 112)*. Este modelo asume que los pocos son mejores que los muchos. Existe una gran diferencia entre respetar a tus mayores, a tus maestros, a tus jefes, etc. e inclinarte ante ellos con la esperanza de que reconozcan tu valía. No necesitas que ninguna fuerza exterior valide lo que eres. Y, desde luego, no necesitas que te digan quién eres.

Hace cuatro años, una persona a la que admiraba y a la que había acudido en busca de aprobación no me vio de verdad y cuestionó mi valía. Al principio, me disgusté profundamente, pero, una vez desaparecidas esas lágrimas feas, descubrí que aquella persona me había dado un regalo: anteriormente yo había estado buscando su aprobación, sin embargo, cuando no me la dio, me vi obligada a verla y a reclamarla por mí misma.

Ya sabes de lo que estoy hablando… Ocurre cuando alguien te dice: «No puedes hacer eso» y un fuego en tu barriga ruge: «No me digas lo que puedo y lo que no puedo hacer». Pues eso es precisamente a lo que me estoy refiriendo.

BRILLA, HERMANA, BRILLA

¿A quién entregas tu poder?

¿En presencia de quién disminuyes tu grandeza?

¿Estando con quién no te sientes suficientemente valiosa?

Yo DIGO quién me rompe.
Y no vas a ser tú.

△

RITUAL: RECLAMAR TU PODER

COGE UN PAPEL Y ANOTA los nombres de cualquier persona o personas, empresa o experiencia a quien de forma voluntaria o involuntaria, consciente o inconscientemente hayas entregado tu poder en el pasado o ante quien lo hayas perdido. También sirve cualquiera que te intimide en la actualidad. Escribe sus nombres en el papel.

Coge un cuenco resistente al calor (o un caldero, si lo tienes) y quema el papel mientras dices en voz alta y con convicción:

> *Reclamo mi poder, en toda su integridad, de cualquier persona o circunstancia a quien se lo haya entregado en el pasado, ya haya sido de forma voluntaria o involuntaria, consciente o inconscientemente. La única que dice lo que puedo o no puedo hacer soy yo. Reclamo mi poder en toda su integridad en este momento.*

Pon tu canción de poder favorita (la mía es *You don't own me*, de Grace, G-Easy) y reclama tu poder mientras bailas, invocas y encarnas plenamente tu bravura.

QUINTA
PARTE

**REDEFINIR
LA HERMANDAD
DE LAS MUJERES**

«Otro mundo no solo es posible,
ella está de camino. En los días silenciosos
la oigo respirar».

Arundhati Roy

△

LA REUNIÓN

En lo más profundo de la campiña inglesa, en un bosque de abedules plateados, avellanos, cerezos y robles, Ella se encontró formando un círculo con tres mujeres que la veían de verdad.

Sacerdotisas de tiempos pretéritos viajando solas durante muchísimo tiempo. Al fin, al fin, al fin reunidas, con sus almas apergaminadas anhelando el alimento que solo un círculo sagrado de hermanas podía proporcionar. Mientras descansaban sus frentes agotadas, su segundo corazón se abrió en las cavernas más profundas de sus vientres, y como dulce néctar lo bebieron. Todo lo yermo y frágil había recuperado la vida.

Se turnaron para revelar sus heridas más tiernas, el resultado de vagar solas durante milenios, de hacer este trabajo solas, escondidas, bajo tierra, apartadas de la dulce y nutritiva ambrosía de la canción de sus hermanas y de su Madre; rebuscando aisladas a tientas, conducidas solo por el misterioso hilo de luz roja de su corazón. Se preguntaban cómo habían podido sobrevivir todo ese tiempo haciendo ese trabajo solas.

Dejaron que las lágrimas rodaran libremente soltando vidas de persecución y capas de protección que ya no eran necesarias. Ahora no. Nunca más. Con cada gota caliente y salada podías escuchar cómo su cáliz se rellenaba y rebosaba libre de culpas. Las heridas se curaron y las supuestas debilidades se transformaron en su ofrenda exclusiva de medicina, tanto para ellas mismas como para el mundo en general.

Juntas se iniciaron en la femineidad, en el sacerdocio, tal y como habían hecho mucho tiempo atrás en tierras que su alma recordaba. Entretejidas por el corazón, empezaron a contemplar el magnífico tapiz de luz que ellas, nosotras, Ella llevaba tanto tiempo tejiendo. Hermanas. Sacerdotisas. Al fin reconocidas.

▲

LAS QUE NOS PRECEDIERON

De repente, todas mis antepasadas están detrás de mí.
«Estate quieta», me dicen. «Observa y escucha.
Eres el resultado del amor de miles de mujeres».
LINDA HOGAN

CUANDO TOMAS LA DECISIÓN de despertar, jamás caminas sola. Cuando tomas la decisión de levantarte, accedes a la fuerza colectiva de un océano de mujeres que, a pesar de las circunstancias, encontraron el valor para levantarse. Cuando tomas la decisión de levantarte, accedes a un portal de hermandad de mujeres que, aunque sea invisible, puede notarse profundamente; accedes al poder de la Madre y al giro de la luna.

Besan el suelo ante ti. Te animan desde las vigas. Te muestran el camino en silencio. Cuando te permites ser sostenida por su gracia, te das cuenta de que, aun cuando sientes que podrías estar sola, lo cierto es que jamás caminas sin compañía.

Levántate con convicción. Camina erguida sobre sus hombros. Deja que sus voces te lleven. Baila sin restricciones.

MANTRA DE #RISESISTERRISE

Me permito ser sostenida por la fuerza de las que me precedieron.
Jamás camino sola.

△

Se le puso la piel de gallina.
Supo que no estaba sola.

Estaba siendo sostenida por todas
las hermanas que la habían precedido.

Guiada por sus voces.
Fortalecida por sus agallas.

△
CUANDO LAS MUJERES SE REÚNEN EN CÍRCULO

D URANTE SIGLOS, LAS MUJERES se han estado reuniendo en círculo para sanar sus heridas, compartir sus historias, transmitir los misterios de lo que significa ser mujer, apoyarse y empoderarse unas a otras.

Desde las antiguas cuevas a las cafeterías, desde los bailes a la luz de la luna hasta los grupos de WhatsApp, desde los círculos de piedra hasta los talleres. Durante mucho más tiempo del que cualquiera de nosotras podría calcular, las mujeres han estado accediendo al poder místico que se activa cuando nos reunimos en círculo. No importa la edad que tengamos, nuestra experiencia vital, nuestra forma ni nuestro tamaño; cuando tres mujeres o más se reúnen con una intención sagrada común, puedes estar segura de que va a suceder algo mágico.

Compartir historias, arroparse y transmitir sabiduría, no hay nada más sanador que estar en un grupo de hermanas honradas que realmente te vean y te acepten. En un periodo de la historia en el que vivimos más separadas que nunca, no debemos subestimar el ritual de reunirnos. Según mi experiencia, es algo que toda mujer añora, pero de lo que la mayoría no es consciente. Y cuando lo probamos, nos preguntamos cómo hemos podido sobrevivir sin ello.

La tienda roja, de Anita Diamant, da voz a uno de los personajes del Antiguo Testamento que carecía de ella. La tienda roja era un lugar en el que las mujeres de la tribu se refugiaban en noches de luna llena y donde encontraban hermandad, apoyo y estímulo de sus madres, hermanas y tías.

En lo más profundo de mi ser estoy convencida de que todas hemos añorado esa tienda roja. Un lugar en el que poder ser apoyadas y sostenidas. En el que compartir y ser realmente escuchadas. En el que poder dar rienda suelta a nuestras locuras sin ser juzgadas. En el que poder soltar nuestra carga y dejar de fingir que lo tenemos todo controlado. En el que dejar de intentar hacerlo todo nosotras solas. En el que mostrar con honestidad lo difícil que puede llegar a resultar la vida y lo complicado que puede ser estar en un cuerpo de mujer. En el que mantener una conversación sin que alguien intente corregirnos. En el que sencillamente ser y admitir nuestros secretos más profundos y oscuros sabiendo que, confesemos lo que confesemos, seguiremos siendo vistas y amadas.

Para mantener vivos el espíritu y la sabiduría de aquellas que han caminado por este sendero antes que nosotras compartiendo sus historias. Para recordar a aquellos a los que amamos y perdimos y reunir el valor de volver a amar. Para sentirnos fortalecidas por lo que otras han podido soportar sabiendo que, si ellas pudieron hacerlo, quizá nosotras también seamos capaces de lograrlo. Un lugar en el que nadar en la sacralidad que supone ser una mujer y saber que, pase lo que pase, nunca estaremos solas.

Creo que nuestra sociedad está hambrienta de esta conexión femenina tan profunda, no he conocido a ninguna mujer que no la anhele. Ese tejido de apoyo. Esa conexión femenina genuina.

Si no tenemos una hermandad genuina de mujeres, no dejamos de ser niñas. Competimos con nuestras hermanas y nos esforzamos por alcanzar una versión idealizada de perfección imposible de alcanzar.

BRILLA, HERMANA, BRILLA

¿Tienes en la actualidad algún círculo de mujeres con el que te conectes?

Si organizaras un círculo de mujeres, ¿a quién invitarías?

△

TU CONSTELACIÓN DE HERMANAS

Porque hay una cosa más fuerte que la magia:
la hermandad de mujeres.
ROBIN BENWAY

CUANDO TOMES LA DECISIÓN de levantarte, debes saber esto:

Tu equipo de apoyo se está congregando.

Cuando respondes a la llamada que tienes en el alma, te conectas al instante con un grupo de hermanas que comparten esa misión. Quizá no puedas verlas, pero estarán ahí. Como luces que se encienden en todo el planeta, tu constelación de hermanas gira a tu alrededor. Está formada por aquellas que te precedieron y las que van un par de pasos por delante de ti, unidas como un ejército.

Mientras lees estas páginas te estás conectando con un océano de mujeres que se levantan a tu lado. Un hilo invisible, una cuerda de luces, una fuerza violenta e imparable. Si te sumerges en la luz que se aloja en las profundidades de tu corazón, quizá sientas el parpadeo de su presencia. De unas mujeres que nunca se han juntado y que quizá no lleguen a hacerlo jamás.

MANTRA DE #RISESISTERRISE

Me permito ser sostenida y profundamente apoyada por mi constelación de hermanas, tanto aquellas que conozco como las que jamás he visto. Cuando yo me levanto, ellas se levantan a mi lado. Cuando ellas se levantan, yo me levanto a su lado.

△

HAZ PASAR A TUS HERMANAS

Recuerdo que, hasta casi cumplir los treinta años, estuve rodeada de muchos amigos y seres queridos, pero, aun así, me sentía sola y no era capaz de determinar el motivo.

Tenía un recuerdo ancestral de una hermandad de mujeres: una alianza para compartir sin peligro las partes más oscuras de nuestra sombra y también las más brillantes de nuestra luz. Un círculo sanador de mujeres con un propósito claro. No había separación entre tú y yo, sino que era más bien una unión sagrada de «nosotras» en la que compartíamos nuestra vivencia y trabajábamos juntas. Yo buscaba a las hermanas de tiempos pretéritos. A aquellas que ya me conocían. A aquellas que me estaban buscando y que añoraban estar conmigo, exactamente igual que yo las buscaba y añoraba estar con ellas. A las que teníamos el alma hecha de la misma materia. Como si hubieran plantado una semilla de luz en cada una de nosotras, una especie de dispositivo de seguimiento nos iba acercando más las unas a las otras de día en día para hacer el trabajo que habíamos venido a hacer al unísono.

Todas las noches rezaba para encontrarlas. Primero vino Angela y la siguiente fue Sheila. Ambas me hacían sentir como si pudiera ver mi propia alma reflejada en ellas.

Por aquel entonces, sin embargo, no podía evitar preguntarme dónde estaban las hermanas de mi generación. Ahora me doy cuenta de que todo el tiempo que las añoré estuve escondida sin dejar ver todo mi ser a los que me rodeaban. Cuando reuniera el valor necesario para dar un paso al frente y dejarme ver, ellas me encontrarían y yo las encontraría a ellas. En la actualidad me siento anonadada por la cantidad de mujeres asombrosas de todas las edades que forman parte de mi vida. Y cada día aparecen más.

Las hermanas que añoras y a las que estás buscando también te añoran y te buscan a ti. Asume tu rareza, reconoce tu potencia y alza la voz para que puedan oírte.

BRILLA, HERMANA, BRILLA

¿A quién conoces que sea una de estas personas?

¿Cómo puedes hacerte más visible?

△

LA HERMANDAD GENUINA
DE MUJERES

Tu legado son todas las vidas que en algún momento has tocado.
Maya Angelou

La hermandad genuina entre mujeres es la capacidad de estar realmente presentes para las demás sin esperar nada a cambio. Descansar en el poder sin tapujos, sagrado y vulnerable de ser una mujer y observar lo mismo en las demás sin sentirse fuera de lugar. La verdadera hermandad entre mujeres es nuestra capacidad de honrarnos mucho unas a otras, de sostener y ser sostenidas, de cuidar como una madre y de ser cuidadas como por una madre.

La verdadera hermandad entre mujeres supone ceder todo nuestro ser al linaje de mujeres que nos precedieron y que crearon el hilo mismo de la Vida en su conjunto. Es asumir sin juzgar aquellas partes locas, salvajes e impredecibles que tenemos tanto nosotras como las demás. Es saber que no accedemos a nuestro poder innato derribando a otras. Es evitar arreglar o sanar a otra persona, y sí arroparla y cogerla de la mano hasta que encuentre el valor de hacerlo por sí misma.

La hermandad genuina entre mujeres es más que apoyar a las otras con palabras o interés mutuo, sino que se mide más bien por nuestra capacidad para estar ahí cuando accedemos a las profundidades crudas y complicadas, en los huracanes, las inundaciones y los incendios. La hermandad genuina entre mujeres es una fuerza poderosa. Indomable. Impenetrable. Imparable.

Procede del alma. La edad, la familia, el país, el color, el entorno, las experiencias de la vida o el éxito no importan. El corazón reconoce al instante a una hermana y el alma no olvida jamás. Es una conexión salvaje, pura, sagrada y santa que no puede ser forzada ni fingida.

BRILLA, HERMANA, BRILLA

¿A quién consideras una verdadera hermana?

¿Con quién pasas tu tiempo porque crees que debes hacerlo?

¿Quién forma parte de tu vida porque quiere algo de ti?

¿Quién forma parte de tu vida porque quieres algo de él?

△

¿ERES CAPAZ DE ARROPAR A OTRA?

¿**P**UEDES ARROPAR A OTRA PERSONA? ¿Puedes realmente sostenerla sin juzgarla? Uno de los regalos más generosos que puedes entregar a alguien es tu capacidad para estar CON ella sin intentar llevarla a ningún lado ni obtener nada para ti.

Sostenerla energéticamente sin volver a llevar la conversación hacia ti. Evitar decir «yo también», «según mi experiencia», «me identifico muchísimo con lo que me dices» o «qué te parece esto».

Resistir la tentación de arreglar, guiar, salvar o hacer que la otra persona se mueva a una velocidad diferente.

Reunirte con ella en el punto en el que está y hacer que ese lugar sea perfecto.

Ser el vaso en el que puede entrar la Madre.

Dejar que tus brazos y tus ojos sean los brazos y los ojos de la Gran Madre y acunar a la otra persona con suavidad para traerla de vuelta, por mucho que se haya alejado de su rumbo.

Cuando arropas a otra persona, la dejas pasar con suavidad de la cabeza al corazón. Y si el corazón resulta seguro y es percibido, comprobarás la transformación del alma, lo que supone un gran honor. Todas anhelamos ser atestiguadas de esta forma. Todas deseamos a alguien con capacidad para sostenernos de verdad.

BRILLA, HERMANA, BRILLA

¿Puedes arropar a otras personas sin corregirlas ni volver a centrar la atención en ti misma?

¿Quién tiene capacidad para arroparte?

△

LA NUEVA FORMA DE PERSECUCIÓN

El problema que tengo con las personas resentidas es que ven mi gloria, pero no conocen mi historia...
MAYA ANGELOU

E L FEMINISMO ES UN CONCEPTO que lleva aparejada una gran carga. Debemos dejar de mostrarnos tiquismiquis con nuestras hermanas, sobre todo en nombre del feminismo. Si una mujer dice que es feminista, todos y cada uno de sus actos serán juzgados; si dice que no lo es, entonces será ella la juzgada.

Una amiga mía ha recibido quejas por relegar el feminismo al ayudar a las mujeres a conectarse de nuevo con su ciclo mensual y a escuchar a su cuerpo cuando les dice que deben ir más despacio (¡una cosa tan importante!). Otra de mis amigas, por su parte, recibe comentarios horribles que achacan su enorme éxito a que está reprimiendo su naturaleza femenina porque ha decidido no tener hijos.

Como mujeres, tenemos que luchar por muchas cosas, así que no añadamos otra montaña más que trepar obligándonos a levantarnos por lo que dicen las demás. Antes de intentar atacar a otra, por muy en desacuerdo que estés con ella, tómate un minuto y esfuérzate por ver a una mujer que **a su modo único** está haciendo lo que **ella** puede para encontrar el valor de levantarse. Dejemos de machacar a nuestras hermanas, con independencia de si estamos de acuerdo o no con la forma en la que actúan.

**No nos volvamos las unas contra las otras.
Pongamos fin a la persecución.**

BRILLA, HERMANA, BRILLA

¿A quién has estado juzgando duramente?

¿Qué hay debajo de ese juicio?

¿Podrías verla como una mujer que está haciendo todo lo que puede, a su modo único y exclusivo, para encontrar el valor de dar un paso al frente y levantarse?

En lugar de centrarte en ella o en lo que representa, si desplazas tu atención, ¿estás siendo llamada para crear alguna cosa?

△

¿ESTÁ ENFADADA CONMIGO?

Seguro que te ha pasado: has mandado un mensaje de texto o un correo electrónico y, al no recibir respuesta, has pensado: «Seguro que está enfadada conmigo». Este sentimiento paranoico está enraizado en la desconfianza ancestral entre mujeres. Durante las cazas de brujas de la Edad Media, las personas (en particular, las mujeres) eran obligadas a volverse unas contra otras para salvarse a sí mismas y a sus seres queridos.

Como mujeres, también hemos sido obligadas a reprimir las partes más poderosas y oscuras de nuestra verdadera naturaleza (tal y como se ilustra en las fases más oscuras de la luna y en los arquetipos relacionados con ellas de la Sabia, la Mujer Salvaje y la Anciana, *véanse páginas 159-161*) para encajar en el molde de la «chica buena». De este modo, tenemos esta «otra» parte de nosotras, esta sombra, que en muchos casos ha sido desterrada y no asumida. Y creemos que, si nosotras tenemos esta parte, entonces las demás mujeres deben tenerla también. Y entra en juego la desconfianza.

En una carrera por obtener el trabajo, al chico, a la mejor amiga, hemos aprendido a desconfiar de las otras mujeres y a dar por hecho lo peor.

Muchísimas de nosotras tenemos heridas viejas y una programación que nos impide confiar en otras mujeres. Levantamos nuestras defensas en lugar de suavizarnos y abrirnos. Cotilleamos como forma de desarrollar una conexión más profunda en un intento de sentirnos seguras. Debemos dejar de perseguir a otras mujeres. Debemos acabar con la competitividad y, por encima de todo, con la desconfianza.

Al estar desconectadas del cáliz interminable que albergamos en nuestro seno, muchas de nosotras creemos que no tenemos suficiente. Hay en nosotras una parte que recuerda y añora la conexión profunda y auténtica con las mujeres, sin embargo, si no hemos sanado nuestras defensas y el patriarcado no asumido que existe en nuestro interior, la hermandad genuina entre mujeres es imposible. Debemos sanar nuestras heridas y confiar en las otras mujeres. Debemos permitirnos ser apoyadas y sostenidas por las demás mujeres y también por nosotras mismas.

BRILLA, HERMANA, BRILLA

¿Qué relación tienes con las demás mujeres?

¿Confías en ellas? En caso contrario, ¿qué provocó esa desconfianza?

¿Qué necesita oír esa parte de ti?

△

¿QUIÉN TE DISPARA?

N O RECHACES NI EVITES a las mujeres que te traten mal, a las que te toquen las narices, a las que te ofendan ni a aquellas en las que no confías. Porque en algún punto de su susceptibilidad, de su descaro, de su debilidad, de su agresividad, de su ostentación, de su arrogancia o de su inexperiencia poseen un don que, si se profundiza lo suficiente, contiene una gema tan preciosa y poderosa que, en un día no lejano, darás las gracias por haberla conocido.

¿Quién te dispara? ¿Quién te molesta? ¿Quién te intimida? ¿Quién te trata a contrapelo? ¿Quién es demasiado dura? ¿Y demasiado blanda? ¿Demasiado egoísta? ¿Demasiado sosa? ¿Quién te pone como loca? ¿Quién te desagrada? ¿Quién te resulta pesada? ¿Quién saca a relucir a tu *banshee* interior? ¿Quién te resulta más molesta que nadie? ¿Quién te hace sentirte incompetente? ¿Quién te menosprecia? ¿Quién te entristece? ¿A quién te gustaría no haber conocido jamás?

BRILLA, HERMANA, BRILLA

¿Quién te dispara?

¿Qué es lo que dispara en ti?

¿Qué dejas que esto diga acerca de ti?

¿Qué herida te está invitando a sanar?

¿Qué poder dormido te está invitando a reclamar?

△

POR QUÉ LA ENVIDIA
ES ALGO BUENO

*Mostrarse hostil con lo que no conocemos es un signo
de inseguridad.*

ANAÏS NIN

L A ENVIDIA ES UNA EMOCIÓN humana completamente normal que provoca una separación entre «ella y yo». Sin embargo, si te permites sentirla durante el tiempo suficiente, quizá descubras que puede ser una herramienta valiosa para aclararte a qué has venido a contribuir.

Dispara esa parte de nosotras que nos considera separadas de las demás. Por eso, cuando descubrimos que otra persona tiene algo que nosotras queremos, nos parece que, por el hecho de que ella lo tenga, nosotras no vamos a poder tenerlo también. Ilumina lo que deseamos para nosotras en lo más profundo de nuestro ser: una creación que no has conseguido realizar, una experiencia que desde hace un tiempo anhelas tener, una decisión que has estado evitando tomar...

Nuestras punzadas de envidia nos dan una pista de las formas en las que nos hemos estado minusvalorando. Revelan también en qué aspectos hemos estado buscando la aprobación exterior como medida de validación. Cuando se desencadene tu envidia, podría ser una señal muy grande que te indique dónde deberías invertir tu energía y lo que el Universo está deseando crear CONTIGO.

BRILLA, HERMANA, BRILLA

¿De quién sientes envidia?

¿Por qué te da envidia?

¿Cómo puedes permitirte crear o recibir tu propia versión exclusiva de eso para ti?

△

NO HAY COMPETENCIA

Cuanto más tiempo pases comparándote con otros, más se parecerá tu trabajo al suyo y más te alejarás de aquello que viniste a hacer. Crear el trabajo de tu vida requiere tiempo, así que no corras, resiste el impulso de entrar en el mercado de forma acelerada. Las creaciones que tu alma quiere compartir son mucho más potentes cuando les concedes tiempo abundante para florecer, no te apresures a ejecutarlas. Dedica un espacio para estar con las energías que te están llamando porque quieren bailar a través de ti.

Tengo una amiga que tiene un propósito y un mensaje muy similares a los míos. Nos descubrimos hace un par de años cuando cada una de nosotras llevaba ya varios años acercándose a ese punto. La forma en la que expresamos nuestro trabajo en el mundo es muy diferente porque, al igual que muchas personas, nosotras somos muy distintas. Nuestra personalidad, nuestro estilo, nuestras historias y experiencias transmiten el mismo mensaje y, en ocasiones, las mismas energías, pero de una forma muy diferente.

No competimos entre nosotras; somos hermanas con un proyecto similar. Yo veo lo comprometida que está con su práctica espiritual y el trabajo de su vida, y he encontrado una alianza muy valiosa en el hecho de tener eso en común, como me ha sucedido con otras mujeres que tienen un proyecto parecido. Con esto no quiero decir que tengamos que ser amigas de todo el mundo para toda la vida, eso es imposible. Yo detecto a mis hermanas a varios kilómetros de distancia, y no tiene nada que ver con lo que dicen, sino más bien con la energía que comunican; es un reconocimiento del alma, como un guiño sutil a una persona conocida. Y lo mismo sucede con aquellas cuya vida o mensaje no se identifican con los míos, las que están tan emocionadas con la idea de hacer el trabajo que han imitado a la persona (o personas) que las inspiró y han creado lo mismo en lugar de hacer su creación única y personal.

Inspirarte en alguien es estupendo y necesario para que broten el arte y la creatividad. Sin embargo, cuando conseguimos caminar solas, el indicativo de una verdadera artista, escritora, maestra o creadora es su capacidad para utilizar esa inspiración con el objetivo de profundizar en su interior y en su devoción y así crear lo que ella debe crear, no una versión modificada de las creaciones o el estilo de otra persona.

BRILLA, HERMANA, BRILLA

¿A quién has estado considerando una competidora y deberías ver como una compañera?

¿En qué te ha estado restando ligeramente autenticidad tu necesidad de forzar o de ser vista?

▲

ELÉVALAS, NO LAS SOJUZGUES

Elévalas, no las sojuzgues.

El éxito no es un recurso limitado.

Elévalas, no las sojuzgues.

No te pueden quitar tu poder si lo extraes de lo más profundo de tu ser.

Elévalas, no las sojuzgues.

Para elevarte no necesitas que otra persona caiga.

Elévalas, no las sojuzgues.

△

NO PONGAS A OTRA PERSONA EN UN PEDESTAL

Todas somos humanas. Magníficas e imperfectas al mismo tiempo. Por mucho que admires a alguien, no la pongas en un pedestal, porque, en el momento en que lo hagas, la elevas por encima de ti. Y para poder unirte a ella algún día, esta persona tendrá que caer.

En lugar de elevarla a unas alturas mareantes, reconoce que aquello que ves en ella es probablemente lo mismo que está surgiendo en ti. Es posible que lo que tú tienes no sea más que una semilla, pero ahí está, y las semillas fueron creadas para elevarse hacia la luz. Ofrécele respeto profundo, honores y admiración, pero no la eleves por encima de ti. Utilízala como una señal del Universo que te indica lo que está listo para surgir en ti.

BRILLA, HERMANA, BRILLA

¿A quién has subido a un pedestal?

¿Qué es aquello que tiene y que también está surgiendo en ti?

◮

RECONOCE A TUS HERMANAS

Si cada una de nosotras tiene una linterna, habrá mucha más luz.

GLORIA STEINEM

Desde que nuestra alma decidió venir a la tierra y estar en este cuerpo humano separada de todos los demás, hemos estado luchando con la sensación de que nos han dejado solas. No me estoy refiriendo a tu capacidad para estar sola, sino al hecho de estar separadas. Lo que he comprobado es que a todas nosotras nos asusta la posibilidad de que nos dejen tiradas.

Mi amiga Amy Firth y yo fuimos a una conferencia de Oprah en Sídney. Nuestro momento favorito fue cuando reveló que, después de haber entrevistado a miles de personas, desde Tina Turner a Obama, desde Beyoncé al doctor Phil, en el momento en que dejaban de grabar, lo único que todos le preguntaban era: «¿Ha estado bien?».

Todos buscamos confirmación, aceptación, que nos digan que lo que ofrecemos tiene algún valor para el mundo, que la otra persona aprecie realmente lo que ofrecemos.

No importa si estamos empezando o si llevamos más de treinta años levantándonos, en lo más profundo de nuestro ser todas anhelamos que se reconozca que estamos haciendo las cosas lo mejor que podemos. Presenciarlo es al mismo tiempo gratis y de un valor incalculable. Cuando ofrezcas este don tan valioso, descubrirás que la riqueza vuelve a ti.

BRILLA, HERMANA, BRILLA

Reconoce a alguien por el valor de lo que está ofreciendo al mundo. Sobre todo a aquellas personas que, en tu opinión, no necesitarían oírlo. Quizá descubras que son las que más lo anhelan.

△

TU CÍRCULO INTERNO

Muchísima gente querrá montar contigo en la limusina,
pero lo que tú necesitas es a alguien dispuesto a coger el autobús
cuando tu limusina se rompa.

OPRAH

AUNQUE TODAS LAS MUJERES merecen tu respeto, no se supone que debas hacer amistad con todo el mundo. Algunas te querrán y otras no. ¡Y no pasa nada! No dediques tu tiempo a intentar obtener la aprobación de todo el mundo, porque jamás lo conseguirás. Peor aún: no podrás crear conexiones profundas con aquellos que nacieron para caminar a tu lado. Una cuadrilla o aquelarre potente es mucho mejor que cien personas publicando «feliz cumpleaños» en tu muro de Facebook. Todas las mujeres deberían tener un círculo interno que considerasen sagrado y compuesto por mujeres cuidadosamente elegidas.

Invitar a otras mujeres a tu círculo interno es un acto sagrado; sé consciente de a quién invitas.

Mujeres que nos recogerán cuando nos caigamos. Mujeres que nos sostendrán cuando pongamos nuestras vergüenzas sobre la mesa (algo que todas deberíamos hacer de manera regular). Mujeres que te quieran cuando tú estés luchando por quererte. Mujeres capaces de decir las cosas más brutalmente honestas mientras acunan con cariño tu corazón.

Mujeres que sepan que el simple hecho de que te sientas de una determinada forma hoy no significa que te vayas a sentir así dentro de un año.

Tu alma reconoce inmediatamente a una hermana. Los años no importan y tampoco el lugar, puedes estar sostenida desde todos los rincones de la tierra. Algunas de mis hermanas viven en el lado opuesto del planeta y a otras solo las he visto en persona una o dos veces. Los años no son nada comparados con una vida.

BRILLA, HERMANA, BRILLA

¿Quién forma tu círculo interno de hermanas?

¿Necesitas admitir a alguien más?

△

TU EQUIPO DE APOYO

LEVANTARSE NO ES FÁCIL. Nadie puede hacerlo por sí solo. Todas necesitamos contar con nuestro equipo de gente que nos anime.

Tu equipo de apoyo está formado por todas aquellas personas que han creído en ti, las que te han respaldado, las que te han animado. Pasadas, presentes e incluso futuras, recurre a todas. Apela a tus hermanas, a tus hermanos, a tus profesores y a tus amigos. Recurre a tus compañeras, a tus seguidores, a esa periodista que te alabó y al extraño del autobús que se mostró amable.

Cada vez que subo a un escenario o que me siento a escribir, invoco a todas esas personas y les pido que estén a mi lado, que me animen cuando empiezo a dudar de mí misma, que me fortalezcan cuando me siento débil. Si estoy realmente nerviosa, envío un mensaje a los más cercanos y queridos pidiéndoles que me envíen buenas vibraciones y que me sostengan en ese momento. No hace falta que hagas las cosas tú sola. Apela a todas las personas que en algún momento te hayan ofrecido sostén y recíbelo. Nada en su apoyo.

BRILLA, HERMANA, BRILLA

Escribe una lista de todas las personas que en algún momento te hayan apoyado. En el pasado y en el presente, en cosas grandes y pequeñas, recuérdalas a todas, cualquiera que haya estado de tu lado. Añade mi nombre si te apetece. De esta forma, la próxima vez que se te pida que brilles, podrás recurrir a este equipo increíble en busca de apoyo.

$\triangle$

LAS MUJERES QUE TE PRECEDIERON

Cuando mueren algunas personas, las guardianas de la sabiduría, las portadoras de la luz, todo lo que sostenían se dispersa de repente entre muchas, como una estrella que explota dejando chispas en cada uno de nuestros corazones. No hace falta que conozcas a la persona para sentir el efecto de cómo su espíritu está haciendo la transición de la forma física y para que este estimule tu propia expansión.

Yo lo percibí de una forma muy profunda cuando Maya Angelou regresó a casa: una custodia ancestral que abandonaba el planeta mientras su luz encendía nuestros corazones un poquito más que antes, una fuerza de Vida tanto divina como humana que no puede extinguirse. Y sentí lo mismo el día que murió mi amigo Blair Milan.

Es una especie de pase del testigo que también puede producirse cuando perdemos a personas que son significativas para nosotros y que han estado sosteniendo el farol para otros. Es como si se transmitieran sus semillas de sabiduría, luz y devoción cuando fallecen. Así lo sintió mi amiga Amy Firth el día que su abuela, Moira, regresó al reino del espíritu. Había sido una de las primeras ministras religiosas de Australia y Amy siempre había mantenido un vínculo muy especial con esta abuela tan valiente y aventurera. Eran como hermanas, más que abuela y nieta; las dos eran en cierto modo unas ovejas negras, incapaces de asentarse en una vida encasillada normal, y ambas sabían que estaban aquí para responder a una llamada superior. Mujeres salvajes con un corazón enorme y un gran amor por las cosas complicadas de la vida.

Cuando Amy me dio la noticia del repentino fallecimiento de su abuela, noté que lo que aparentemente se había extinguido en Moira se había vuelto a encender en Amy y no pude quitarme de encima la sensación de que, en su tránsito, le había pasado la antorcha a Amy, pues la había preparado para que continuara por la senda que ella había pavimentado con tanto valor. Y la vida de Amy iba a cambiar para siempre. Volví a Australia para asistir a su funeral en la Uniting Church de la que había sido ministra. Amy ocupó su lugar en el púlpito y pronunció su primer panegírico. Dentro de tres años asistiré a la ordenación de Amy cuando se convierta en ministra interreligiosa.

Existen muchas guardianas de la luz y poseedoras de sabiduría que han caminado antes que tú por este camino y, en algunos casos, para ti. Tanto algunas que conoces como otras que ni siquiera sabías que existieron. Mujeres cuya dedicación al espíritu y a la humanidad es concedida luego y transmitida como una antorcha luminosa.

Estás apoyada sobre los hombros de miles y miles de mujeres magníficas, las que te han precedido y las que seguirán regresando. Y así como todas estamos hechas de polvo de estrellas, también estamos hechas de cada una de ellas.

MANTRA DE #RISESISTERRISE

Invoco la resiliencia, la fuerza y el apoyo de todas las mujeres que me han precedido. Con ellas a mi lado, jamás camino sola.

BRILLA, HERMANA, BRILLA

¿A quién has perdido (tanto si lo conocías en persona como si no) que ha encendido una luz en ti?

¿Qué mujeres de las que te precedieron han pavimentado el camino para ti?

Invócalas.

Detrás de cada una de las mujeres
que se han levantado
hay un grupo de mujeres que
p
a
v
i
m
e
n
t
a
r
o
n

e
l

c
a
m
i
n
o
.

SOMOS LAS MARGARITAS, LAS MAGDALENAS Y LAS ANCIANAS

Somos las que estuvimos solas para pavimentar el camino que se abre ante ti. Somos las que luchamos para que tantas de vosotras podáis ahora dar las cosas por sentadas. Las que recordamos un tiempo anterior a la ocultación y la lucha, un tiempo en el que se respetaba profundamente a las mujeres y ellas no tenían miedo de compartir su rito de nacimiento. Conocían su valía, encarnaban su poder y confiaban profundamente en su intuición. Extraían su fuerza del centro de su ser y compartían libremente su magia.

Nuestro deseo más profundo es que reconozcas y utilices los dones que tanto abundan. Que desveles tu medicina y no te resistas a compartirla con el mundo. Que recuerdes el pacto firmado hace tanto tiempo. Que continúes por el camino que nosotras empezamos entonces.

Ha llegado el momento de que todas ocupen su lugar y se levanten. De que den un paso al frente, resurjan y recorran el sendero tal y como habíamos planeado. Se ha levantado el velo de silencio: tu mensaje es tu vida, así que libera tu voz, desata tu poder, forja un nuevo camino, crea un modelo nuevo y levántate.

Este es el momento. Estás en el camino correcto. Unámonos y recordemos lo que nosotras empezamos hace ya tanto tiempo.

BRILLA, HERMANA, BRILLA

¿Cómo estás siendo llamada a dar un paso al frente y levantarte?

Δ

Variadas en el cuerpo.
Antiguas en el alma.
Juntas dieron entrada al futuro.
Tal y como siempre habían planeado.

SEXTA
PARTE

HACIENDO EL TRABAJO

Ella no eligió su camino
tanto como este la eligió a ella.

△

¿QUÉ ESTÁ SURGIENDO EN TI?

¿Qué está surgiendo en ti? ¿Qué rebulle en tu interior? ¿Qué está listo para rebosar?

¿Qué está tirando con impaciencia, insistiendo, estallando por nacer?

¿Qué demanda tu atención? ¿Qué llora a altas horas de la noche? ¿Qué está anhelando que le den forma?

Un niño, un libro, una creación, una reclamación de algo verdadero…

Eso, todo eso, es lo que está surgiendo en ti.

Cuando nos conectamos con el pozo inagotable de nuestro corazón, unimos la inspiración de la Madre Divina con el poder del Padre Divino. La inspiración y la creación se funden con la entrega y la acción diaria.

Ríndete al rebullir, entrégate al caudal, muéstrate todos los días.

Porque, cuando expresas lo que tienes en el alma o, más bien, cuando dejas que lo que está en tu alma se exprese a través de ti, te sumerges sin esfuerzo en la corriente de una vida de convergencia. Y cuando vives una vida de convergencia, tu presencia exclusiva favorece por sí sola la sanación del planeta. Y cuando exhalas tu último aliento, lo haces sabiendo que el hecho de que estuvieras aquí ha conseguido que el planeta sea un poco más armonioso que antes.

BRILLA, HERMANA, BRILLA

¿Qué está surgiendo en ti?

△

ARQUETIPOS FEMENINOS QUE ESTÁN RESURGIENDO

DESPUÉS DE TRABAJAR con miles de mujeres dedicadas al trabajo de la luz y al resurgir de lo femenino, he empezado a observar un patrón que conforma sus personalidades y el trabajo que han venido a hacer. Este patrón puede detallarse en los siguientes siete arquetipos femeninos que están resurgiendo.

Aunque cada una de nosotras tiene acceso a todos ellos, he observado que tendemos a tener uno primario básico y a veces otro secundario. A través de la lente de este arquetipo podemos entendernos mejor a nosotras mismas y comprender más profundamente nuestra llamada. Es más, como poseemos cada uno de estos arquetipos en un determinado nivel, podemos invocarlos como forma de consejo interior (como harías con los guías espirituales o los ángeles).

Lee las siguientes descripciones y comprueba con qué arquetipos te identificas más.

La Suma Sacerdotisa (chakra de la coronilla)

Una especie de sacerdote femenino, un puente místico entre los mundos que, a través de su trabajo, canaliza información y crea belleza y armonía. Es la cabecilla de la luz en el mundo. Está tan dedicada a su propósito y a su trabajo que le puede resultar difícil poner por delante su vida personal o sus relaciones, porque siente su trabajo como una obligación. Está casada con la divinidad. Las de épocas pasadas eran las responsables de ofrecer rituales para que el sol pudiera salir y ponerse. Está vinculada con Virgo y Venus y siente una gran responsabilidad por que todo sea perfecto y por que haya belleza, equilibrio y armonía en el mundo. La oración y la devoción son inherentes a ella. A menudo recuerda desde una edad muy temprana por qué se reencarnó y su trabajo sagrado es siempre su prioridad. Sin embargo, para servir de una forma sostenible, debe aprender a servirse primero a sí misma.

La Vidente (chakra del tercer ojo)

La Vidente posee una intuición astuta y la capacidad de ver cosas que resultan invisibles para los demás. Al igual que la Suma Sacerdotisa, es un puente entre el mundo visible y el invisible. Es sumamente sensible, psíquica y visionaria, y se interna en lugares profundos y a menudo oscuros con intensidad y sin miedo (o ha aprendido a no tenerlo) para afrontar las sombras. Su visión clara le permite calar la falta de autenticidad de cualquier tipo. Suele tener tendencia a decir las cosas claras, y esta forma de expresar siempre la verdad puede en ocasiones hacer saltar a las personas acostumbradas a un mundo en el que las cosas se ven, pero no se habla de ellas.

La Cuentacuentos/Artista (chakra de la garganta)

La Cuentacuentos/Artista ha venido para expresar y para ser oída, para compartir con el mundo sus historias, sus opiniones, sus ideas y sus creaciones. Es una magnífica oradora, escritora, intérprete y maestra. Rara vez se queda sin palabras y ha venido para transmitir información. Recibe tantas ideas que es importante que encuentre un canal que le permita canalizar y compartir sus creaciones. La Cuentacuentos resulta más poderosa cuando se centra en transmitir sabiduría y no asume el papel de la alumna que no se siente preparada.

La Sanadora (chakra del corazón)

La Sanadora siente las cosas de un modo muy profundo. Ama de forma incondicional. Es empática por naturaleza y muy sensible a su entorno. Posee un corazón enorme y una capacidad tierna para relacionarse con los demás y sostenerlos en sus horas más oscuras. Puede ver la totalidad de todas las personas y no se apresura a juzgar; puedes decirle prácticamente cualquier cosa y, aun así, te aceptará con amor. Es capaz de percibir lo bueno y la luz en todas las personas. Necesita recordar que, para sanar a los demás, primero tiene que ocuparse de su propia sanación y que no pasa nada si recibe abundancia por su trabajo.

La Guerrera/Mujer Salvaje (chakra del plexo solar)

¡La Guerrera/Mujer Salvaje es feroz! Es la revolucionaria y la activista. Posee el valor de Juana de Arco y no tiene miedo de levantarse y marcharse cuando las demás están asustadas. Habla a menudo de las cosas que cree que deben cambiarse y ha venido para traer justicia. No se la puede refrenar. Es inagotable. Necesita recordar que debe luchar por lo que está A FAVOR y no resistir a lo que está EN CONTRA.

La Bruja Natural/Curandera (chakra del sacro)

Al igual que la Vidente, la Bruja Natural/Curandera tiene la capacidad de entrar en las sombras para encontrar la luz. A lo largo de la historia ha sido muy malinterpretada y en ocasiones se la ha maltratado, por lo que muchas tienen miedo o adoptan una actitud defensiva ante la idea de ser aceptadas por el mundo. En esencia, la Bruja Natural está absolutamente conectada con la Tierra, con el ciclo natural de la Vida, sintonizada con las estaciones, los animales, la luna y el cuerpo. Es una guardiana de la tierra, percibe la sacralidad de la vida en su conjunto y sabe cómo usar los elementos para crear magia tanto para los demás como para sí misma.

La Madre Terrenal/Partera (chakra base)

La Madre Terrenal es la partera del mundo. Ha venido para dar entrada a lo nuevo animando, apoyando y asistiendo a las demás. Suele estar muy enraizada y está aquí para alumbrar el potencial del mundo. Posee la energía de una osa madre cuando necesita proteger lo que está naciendo. Sumamente compasiva y muy práctica, es una anfitriona maravillosa, le entusiasma cuidar a los demás, mantener una relación amorosa y estar rodeada de gente.

BRILLA, HERMANA, BRILLA

¿Cuál crees que es tu arquetipo femenino primario?

Δ

ESTÁ SURGIENDO UN MUNDO NUEVO QUE TÚ HAS ALUMBRADO

Somos las creadoras y las revolucionarias que estamos alumbrando un mundo nuevo. Somos las artistas y las parteras de esta nueva conciencia que nos está pidiendo nacer. Catalizadoras del cambio dando entrada a una nueva era. Nuestra presidenta: Ella.

Somos las mujeres que estamos alumbrando y criando nuevas ideas y formas de ser en nombre del planeta. Damos voz a cosas que hace ya mucho tiempo que dejaron de decirse. Recordamos una sabiduría largo tiempo olvidada. Volvemos a traer lo femenino intenso para bien.

Y aunque todo esto suena idealista y precioso, el proceso no resulta en absoluto fácil. Pero un parto nunca lo es.

Por eso, la próxima vez que dudes de ti misma, piensa en el milagro del nacimiento, la cabecita redonda y grande, el cuello y los hombros que se abren camino a través de un espacio aparentemente mucho más pequeño. Porque lo que estás llamada a hacer es probablemente igual de natural, de doloroso, de gratificante, de necesario, de estimulante, de imposible y de milagroso.

No importa lo que estés alumbrando, el proceso estará siempre lleno de contracciones y tensión y «no puedo hacerlo» y «Dios mío». Tenemos que gruñir y quejarnos y gritar y apretar los dientes y patalear y reeeeeespirar para conseguirlo.

Y aunque hay momentos en los que creemos que no podremos hacerlo, si lo permites, algo gutural y sagrado se impone: el proceso terco, loco y asombroso de la Vida.

Cada vez que recibimos la llamada de crecer y cambiar, nos estamos alumbrando a nosotras mismas. Desde el momento en que te encuentras en el camino de Ella, el proceso no tiene fin. Esta no es la hora de acallar tus quejidos; deja rugir tu dolor porque, cuando lo haces, transmutas este dolor en poder. Utilízalo. Utilízalo todo.

Tanto si estás alumbrando una creación como si estás siendo alumbrada tú misma, vas a necesitar un equipo. Esas personas que están a tu lado, a tu entera disposición, secándote la frente y animándote a continuar cuando te entran las dudas por la inmensidad de lo que has asumido. Parteras y animadoras capaces de ver la luz al final del túnel y que, por encima de todo, te recuerdan que ya sabes cuándo debes respirar y cuándo debes empujar…

Cuando dedicas tu vida al servicio, la tienes a Ella en tu equipo.

BRILLA, HERMANA, BRILLA

¿Qué estás alumbrando o debes alumbrar en este momento (puedes ser tú misma si no tienes ningún proyecto ni nada concreto)?

¿Quién compone el equipo de parteras que te ayudan a alumbrar al mundo este proyecto o una transformación de ti misma (p. ej., amigas, compañeras, coachs, sanadoras)?

¿Necesitas incluir a alguien más? Reúne un equipo para el alumbramiento.

△

DEJA QUE EL UNIVERSO TE UTILICE

La forma más rápida de fluir con el Universo es permitirle que te utilice. Servir es simplemente fluir con el Universo.

Puedes hacer cualquier cosa que haya hecho un ser humano. Eso significa que Oprah, Lady Gaga, Beyoncé, Prince, Amma o cualquier otra persona que admires no son más especiales que tú ni tampoco menos. Lo que vemos como «especial» es su capacidad para trabajar CON el Universo y permitir que se revele su auténtica naturaleza; han aprendido a decir que sí al potencial máximo que tenían reservado en lugar de intentar hacerlo ellos mismos; se han entregado y han invitado al Universo a trabajar a través de ellos. Es posible que se les dé mejor que a ti entregarse, pero eso no los convierte en personas más especiales ni únicas.

Desperdiciamos demasiado tiempo intentando trazar estrategias para lo que debemos hacer a continuación, y damos demasiadas vueltas a todos y cada uno de nuestros movimientos. Me deja anonadada la cantidad de personas a las que admiro que afirman cuando les preguntan: «Pues sencillamente sucedió». ESO es fluir. ESO es servicio. ESO es entrega a lo que está surgiendo en ti porque…

Lo que está surgiendo en ti ES lo que el Universo te tiene reservado.

Lo único que tienes que hacer es seguir en contacto y presentarte cada día diciendo SÍ, SÍ, SÍ. Si nos inclinamos ante este principio organizador y nos entregamos a él una y otra vez, no solo nos mostrarán nuestro camino y nuestro máximo potencial, sino que este se hará realidad. Sin embargo, si esperamos a tener el mapa antes de confiar o avanzar, nos arriesgamos a quedarnos estancadas.

El Universo, esta fuerza inteligente, quiere que consigas aquello a lo que aspiras. Quiere que fluyas con él porque, cuando lo haces, te estás moviendo a su servicio. Por eso servir es en realidad dirigirse al Universo y decir: «Ya no me voy a resistir ni voy a confiar más en mi fuerza independiente. Ahora estoy dispuesta a rendirme a ella y a todo lo que es».

Las dos formas de práctica espiritual que me han resultado más útiles para fluir con el Universo son el aprovisionamiento de luz *(véase a continuación)* y el paseo intuitivo por la naturaleza *(véase página 139)*.

El aprovisionamiento de luz es una forma de meditación que te conecta y te alinea con la Fuente ilimitada de luz del Universo, para que puedas fluir con ella en un estado de recibir todas las cosas que están preparadas para llegar a ti y permitir que tus células se alineen con el mismo poder que rige el giro de los planetas, las mareas, la luna, nuestro ciclo mensual y todo. Después de practicarlo durante un mes, mi vida empezó a cambiar. Al cabo de un año de hacerlo, todo lo que había anhelado profundamente se había hecho realidad… Las cosas no salieron como yo había esperado, sino mucho mejor, porque estaba fluyendo con la Vida y, por tanto, la Vida fluía conmigo.

Otra herramienta para entrar en el flujo del servicio y la entrega al Universo es la siguiente oración de *Un curso de milagros*. Yo la digo varias veces al día:

Estoy aquí para ser realmente útil.
Estoy aquí para representar a aquello que me envió.
No tengo que pensar en lo que digo o hago
porque aquello que me envió me dirigirá.
Soy feliz por el simple hecho de estar aquí,
sabiendo que toda la gracia está dentro de mí.
Seré sanada cuando deje que la sanación se produzca a través de mí.

BRILLA, HERMANA, BRILLA

Descárgate la meditación gratis (en inglés) de *Aprovisionamiento de luz* (Light Sourcing Meditation) en la página web www.risesisterrise.com. Practícala a diario durante 21 días y observa cómo el Universo se inclina hacia ti.

△

SÉ UN CANAL CLARO

S I ANHELAS AYUDAR, inclínate y di la siguiente oración:

**«Por favor, utilízame. Por favor, condúceme.
Por favor, muéstrame el camino».**

Y luego ponte a cubierto.

Porque en el momento en que murmuras esas palabras, el Universo conspira para desarraigar y remover y encender los focos sobre absolutamente todo aquello que te impide ser un canal cristalino por el que pueda trabajar la divinidad.

Una llamada no es algo que elijas, sino algo que te elige a ti. Te agarra por las cuerdas del alma y no te deja descansar hasta que respondes a ella. Hay veces en las que responder a la llamada es una de las cosas más difíciles que puedes hacer en tu vida, y solo hay algo más difícil que eso: no responder. Sin embargo, cuando respondes, cuando te entregas a ella, experimentas también la dicha diaria absoluta de poder dedicar tu vida a que el Universo haga brillar su luz a través de ti. Y, en lo que a mí respecta, no hay otro sentimiento mejor que ese. Y no está reservado para unos cuantos elegidos, sino que está al alcance de todas nosotras.

MANTRA DE #RISESISTERRISE

Por favor, utilízame. Por favor, condúceme. Por favor, muéstrame el camino.

UNA ORACIÓN PARA LOS MOMENTOS DE REMEMBRANZA

Que todas las almas escuchen los susurros de tiempos olvidados.

Que todos los cuerpos sean desatados y desencadenados.

Que todos los votos de silencio sean levantados para siempre jamás.

Que todas las semillas de luz plantadas broten, crezcan y florezcan.

Que todas las tierras sagradas continúen entonando cantos de recuerdo.

Que todos los corazones humanos latan en armonía con el ritmo de la Vida.

Y así es. Y así es. Y así es.

▲

SALVAR AL MUNDO
NO ES TAREA TUYA

No estás aquí para salvar al mundo. No importa el tipo de misión que tengas, la única persona que has venido a salvar es a ti misma.

Es más, la ÚNICA persona a la que PUEDES salvar es a ti misma.

Cuando trabajas con la luz, puedes inspirar a otras a trabajar con la suya. Pero no debes atribuirte el mérito de ello, porque serán ellas las que hayan hecho el trabajo, no tú.

Tu tarea no es salvar ni cambiar a nadie. No hay nada más irritante que una persona que se dedique a agobiar a otra con su espiritualidad, su conciencia, sus opiniones o cualquier otra cosa sin haber sido invitada a ello. No importa si se trata de meditación, yoga, vidas pasadas, trabajo con los chakras, elevar la vibración, tu decisión de hacerte vegetariana o el poder de la oración. No des mala fama a la espiritualidad propagando la buena noticia ni imponiendo tus creencias a otro sin haber sido invitada. Esto es lo que hacía el patriarcado: «Haz lo que te digo», «Obedece», «Este es el único camino», «Sigue al que dirige»... Ya hemos tenido suficiente de todo eso.

En lugar de eso, deja que tu vida sea el mensaje. Deja que tu devoción se perciba, no se la impongas a nadie. Vive alineada con tu espíritu y deja que los demás decidan hacer lo mismo. Aunque creas que tienes razón —sobre todo si crees que tienes razón—, no es asunto tuyo.

Si te preguntan, entonces ofréceselo todo en una bandeja preciosa, pero pide permiso antes. Cada alma que resuene con tu vibración posee todo lo que necesita para despertar, pero la única que puede tomar la decisión de hacerlo es ella. Y es una elección.

No impongas tu consciencia a otras personas.
La vibración habla más alto que las palabras.

Vivir de acuerdo con tu propia luz resulta muchísimo más eficaz que tus palabras. Deja que tu vibración sea la que hable. Salvar al mundo no es tarea tuya.

BRILLA, HERMANA, BRILLA

¿A quién estás intentando salvar o convencer?

¿Cómo puedes dejar que sea tu vibración la que hable?

△

LA ERA DE LA ARTISTA Y LA SANADORA EN APUROS YA HA PASADO

S I VIVES UNA VIDA DEDICADA a ayudar, los dones que compartes tienen un valor incalculable. No creas que porque estarías dispuesta a darlos gratis, deberías hacerlo; si tu propósito es dedicar tu vida a ofrecerlos, mereces recibir algo a cambio. La era de la artista y la sanadora en apuros ya ha pasado.

Cuando haces tu trabajo, cuando vives de manera congruente, cuando respondes con valor a aquello que está surgiendo de verdad en ti, estás ayudando al planeta a recuperar la armonía. Dicho de otra forma: te estás moviendo al unísono con el Universo en lugar de resistirte a él.

Si todos los habitantes del planeta realinearan sus vidas e hicieran el trabajo correcto para ellos, tendríamos un mundo muy diferente. Y ese mundo se está acercando.

La mayoría de los artistas, intuitivos, sanadores, místicos, trabajadores de la luz, etc., atraviesan una etapa en la que les resulta incómodo cobrar por lo que les entusiasma hacer. Sin embargo, para servir a la mayor cantidad de gente posible, tenemos que poder cuidar de nosotros mismos y prosperar. Si no nos damos el alimento que necesitamos para hacer el trabajo de un modo sostenible, estamos engañando a aquellos a los que hemos venido a servir.

A medida que crece mi audiencia, la cantidad de práctica devocional y autocuidados que tengo que hacer aumenta también. Todavía desconocemos muchísimo los efectos energéticos de la tecnología, de las redes sociales y de las creaciones que están a disposición de las masas. Debemos proteger nuestra energía cortando con nuestras creaciones en el momento en que las entregamos al mundo y dándonos luego a nosotras mismas todo aquello que necesitamos para nuestro bienestar. El trabajo que has venido a compartir tiene un valor incalculable, y para la mayoría de los artistas, sanadores y demás, ese trabajo se realiza de forma sutil. Es decir, la hora de tu tiempo que estás ofreciendo es, en términos energéticos, más de una hora de tu tiempo.

Cuando empecé mi negocio, me rebelaba ante la idea de cobrar a aquellos clientes que estuvieran pasando una crisis personal. No tenía límites, respondía correos electrónicos a altas horas de la noche y entregaba más tiempo del acordado. Jamás olvidaré el consejo que me dio mi maestra Sonia: «Debes ser como un carnicero».

Si alguien compra seis salchichas, el carnicero no le da ocho; no entrega sus salchichas gratis o con descuentos; no responde correos electrónicos a las diez de la noche; no pasa horas cuestionándose si serán suficientemente buenas; sencillamente, se pone y vende sus salchichas, tal y como cualquier persona acude a su trabajo, porque ese es su trabajo, es carnicero. Preséntate, haz tu trabajo lo mejor que puedas y cierra cuando llegue la hora para poder hacer lo mismo al día siguiente. Así de sencillo.

BRILLA, HERMANA, BRILLA

¿Alguna parte de ti cree que no deberías nadar en la abundancia por hacer lo que te entusiasma o por ayudar a otros?

¿Cuánto vale para ti una hora de tu tiempo?

Para hacer el trabajo que has venido a hacer, ¿qué necesitas hacer cada semana para cuidar de ti misma?

$\triangle$

NO PUEDES COMPRAR DEVOCIÓN

L A DEVOCIÓN SOLO SE PUEDE obtener si te presentas una y otra vez con intención. En la era de la luz, la devoción lo es todo. ¿A qué te presentas con devoción cada día?

Como líder femenina de esta nueva era, tu devoción será lo que se perciba. Las personas podrán sentir si estás en esto por ti y por tu propio beneficio o por ellos, por nosotros, por ti.

Cuando vives tu vida con devoción, la vives en supremo servicio. Cuando acudimos a nuestra práctica devocional, nos alineamos al instante con el servicio y la autenticidad. Y cuando estamos alineadas, aquello que está destinado a nosotras empieza a acercarse como atraído por un imán. Pasas de mi voluntad a tu voluntad. Pasas de intentar controlar, manipular y prosperar a entregarte plenamente. La práctica devocional diaria aporta a nuestra vida ritmo, un latido al que acompasarnos.

Para vivir una vida de devoción, es imprescindible la práctica devocional, ya sea meditación, entonar cánticos religiosos, aprovisionamiento de luz, yoga, oración o cualquier otra cosa. Cuanto más acudas a tu práctica devocional, más sostenida estarás. Cuanto más sostenida estés, más fácil te resultará la devoción. Sentirás que te llevan. Como no lo haces buscando un resultado, toda tu vida se convierte en una gran oración en movimiento.

BRILLA, HERMANA, BRILLA

¿En qué consiste actualmente tu práctica devocional diaria?

¿Estás siendo llamada a aumentarla?

Por cada paso que ella dio en su devoción,
el Universo dio diez.

△

EL PROCESO CREATIVO
ES UN ACTO DE FE

N^O EXISTE NINGUNA DIFERENCIA entre creatividad y espíritu. Hay ideas que están esperando a ser pensadas, creaciones llamándonos para que las alumbremos, películas reventando de ganas de ser rodadas, palabras anhelando ser escritas, conciencia lista para surgir. Y todas están buscando artistas que las hagan realidad. El proceso creativo es un acto de fe, no existe ninguna certidumbre en él; es, en cierto aspecto, un milagro, y en otro, algo completamente natural. Igual que un parto.

Como artistas y creadoras, nuestra tarea consiste en escuchar a nuestro corazón e informar de lo que oímos, sentimos y vemos. Para vivir una vida creativa se requiere un tipo especial de creencia, y es que el proceso creativo es, en sí mismo, el acto de fe supremo. Lo que antes no era nada en absoluto se convierte de repente en algo, es el milagro del nacimiento. Pero una cosa es recibir una idea o un concepto y otra traerlo al mundo. Lo único lineal en el proceso creativo es que nos exige presentarnos religiosamente y alimentar nuestra creación, tal y como hace una madre con su hijo, en los momentos buenos y en los malos; el resto es un enorme salto de fe. Fe en tu habilidad para escuchar los susurros cuando llegan. Fe en ser capaz de aparecer para ser un vehículo, con independencia de lo que salga a través de ti. Fe en el hecho de que tu musa jamás te abandonará. Fe en que, de un modo u otro, todas las piezas acabarán encajando.

MANTRA DE #RISESISTERRISE

Me presento cada día y permito que el Universo cree a través de mí.

BRILLA, HERMANA, BRILLA

¿Qué creaciones valientes están anhelando que las alumbres?

¿Qué necesitan para que puedas alumbrarlas?

△

MANTENER POTENTES TU TRABAJO Y TUS CREACIONES

CUANDO INTENTAS HACER DEMASIADAS cosas a la vez, se produce una fractura de energía. Ocurre cuando pones tu atención en demasiados puntos, cuando intentas girar demasiados platos, y no estoy hablando solo de la energía que se necesita para hacer la tarea en el momento, sino más bien de la que la creación contiene y alberga para poder sobrevivir sin ti en el mundo cuando la dejas libre.

En esta era de multitareas y comparaciones, la potencia de nuestra energía corre el riesgo de fracturarse. Por eso, aunque obtengamos un montón de oportunidades o logremos muchas publicaciones en blogs o muchos proyectos, con frecuencia la potencia es demasiado fina.

Yo he pasado una gran parte de mi vida haciendo demasiado, intentando abarcarlo todo. Parte de ello lo hice movida por el miedo a no perderme nada, por seguir el ritmo y mantenerme en cabeza, pero, si he de ser honesta, fue fundamentalmente porque hay muchísimas cosas que deseaba experimentar y crear. Por eso he dicho «sí, sí, sí» cuando, echando la vista atrás, debería haber dicho «sí, no, no».

Ahora divido el año en cuatro trimestres. En cada uno de ellos solo me permito centrarme en una cosa, a creación que me siento más impulsada a traer al mundo. En este momento, estoy centrada en escribir este libro. Cuando aparece una oportunidad nueva durante ese periodo, por muy maravillosa que sea, me planteo la siguiente pregunta: «Si digo que sí a esta oportunidad, ¿correré el riesgo de no hacer esta creación lo mejor posible, con la potencia de mi energía al máximo, en el tiempo que me he establecido?» Si la respuesta es sí, entonces contesto: «No, gracias».

BRILLA, HERMANA, BRILLA

¿En qué aspectos te estás desperdigando demasiado?

¿Cuál es la creación que más deseas traer al mundo, con potencia, en los próximos tres meses?

¿Qué podría impedirte prestarle toda tu atención?

△

CREA LO QUE TÚ DEBAS CREAR

No te centres en la cantidad, sino, más bien, en la calidad. Estás aquí para crear lo que tú debes crear y no hay prisas, no tienes que competir con nadie. Cuando intentas llenar con cosas el espacio de tu vida y el espacio del mundo que te rodea para estar a la altura de los que tienes a tu alrededor, niegas al mundo el matiz de luz especial que viniste aquí para compartir.

Riega tu jardín, aviva tu llama y céntrate en tu interior; deja que tus creaciones sean tu medicina y luego comparte esa medicina con el mundo. Cuando te centras en lo que debes crear, no tienes necesidad de mirar a izquierda ni a derecha.

De esa forma descubrirás que lo que has venido a hacer es precisamente aquello que elegirías hacer. Descubrirás que tu medicina es justo aquello que nutre e impulsa tanto a ti como a los demás. Y eso significa que tus creaciones jamás se quedarán sin combustible.

BRILLA, HERMANA, BRILLA

¿Qué es lo que realmente debes crear tú?

▲

CUÍDATE A TI MISMA ANTES DE SERVIR A LOS DEMÁS (NO MÁS SANADORAS HERIDAS)

LOS DÍAS DE LA SANADORA herida que se afana por cuidar a todo el mundo excepto a sí misma tienen que terminar. Si quieres hacer este trabajo, debes poder sostenerte. Recuerda: es el trabajo de una vida, no de una estación del año, así que es absolutamente imprescindible que te aportes el alimento que necesitas. Mejor constante y sostenible que rápida y no sostenible.

Cuando estás comprometida con tu despertar, debes honrar la sanación que tiene que producirse dentro de ti. Y, en ocasiones, lo más productivo es dejarlo todo y atender solo a eso, procesarlo, encarnarlo, conocer la diferencia sutil que existe entre cuándo hacerlo realidad y cuándo dejar que se haga realidad.

No te niegues a cuidar tu cuerpo. Has sido llamada para alumbrar este mundo nuevo, pero, para que puedas hacerlo, debes ponerte como prioridad el atender tus necesidades y cuidar de tu pozo interior. Si estás agotada y reseca, no podrás servir a nadie, pues solo aquella que tiene abundancia puede compartir. Debemos mostrarnos inflexibles a la hora de anteponer el cuidado de nosotras mismas al servicio. Debemos ser sostenibles para levantarnos y conseguir un cambio permanente.

BRILLA, HERMANA, BRILLA

¿En qué aspectos pongo la sanación de los demás por delante de la mía?

¿Qué debo sanar en mí?

△

AMADÍSIMA MADRE MARÍA

Gracias por ayudarme a descifrar

cuándo debo servir al mundo

y cuándo debo servirme a mí misma.

Y así es. Y así es. Y así es.

△

ESTATE CONFORME CON EL PUNTO EN EL QUE ESTÁS

No necesitas estar en ningún otro lugar más que en el que estás en este momento, ni necesitas nada más que lo que tienes ahora mismo. No pases tu vida luchando por estar en algún otro lugar, céntrate más bien en aquel en el que estás. La Vida siempre nos está conduciendo, pero no podemos oír su llamada si no nos enraizamos en el momento actual.

Si piensas mucho en el futuro, cuando este llegue estarás pensando en otro futuro. De ese modo, no podrás disfrutar de todo el trabajo y los sacrificios que estás haciendo para llegar a él, porque siempre estarás subiendo el listón. Disfruta de tus creaciones cuando se producen. Dedica un tiempo a respirar y a disfrutarlas plenamente.

¿De qué sirve una creación o un éxito si no te permites a ti misma disfrutarlos?

No sigas alejando la meta a mitad de carrera. Estate conforme con el punto en el que te encuentras, porque allí donde estás es donde está la Vida. Y si estás constantemente mirando lo siguiente, no estás fluyendo de verdad con ella.

Si el punto en el que estás te resulta incómodo, estate en la incomodidad; si es emocionante, estate con la emoción; si hay aflicción, estate con la aflicción. Todos los momentos acaban algún día, no te los pierdas ni los apartes de ti no estando presente allí donde estás hoy.

BRILLA, HERMANA, BRILLA

¿De qué modo estás luchando por estar en algún otro punto distinto del que ocupas ahora mismo?

¿Puedes estar más conforme con el punto en el que estás hoy?

△

CREA PARA TI Y SOLO PARA TI

En el momento en que alumbras tus creaciones al mundo, estas dejan de ser tuyas. Al igual que un niño que has criado hasta que alcanza la edad adulta, tus creaciones poseen una vida, unas estaciones y un propósito propios, y por muy duro que te pueda resultar, debes dejarlas que lo cumplan por sí solas.

No importa lo que la gente piense ni lo que suceda cuando las sueltas al mundo, lo único realmente importante es que lo que empezó como una semilla ha sido liberado para que sea aquello que siempre estuvo destinado a ser. No puedes controlar en absoluto la acogida que tendrán tus creaciones, pero no olvides jamás lo siguiente:

Son muchas más las personas que se arrepienten de no haber creado que las que se arrepienten de haberlo hecho.

Cuanto más te aferres a tus creaciones, más duro te resultará volver a crear. No leas las críticas, no mires las cifras de ventas. Limítate a ser consciente de que hiciste todo lo que estuvo en tu mano, celebra, haz un descanso y prepárate para crear algo nuevo.

Los mejores artistas y creadores son aquellos que harían lo que hacen con independencia del resultado. No se aferran a lo que les van a aportar sus creaciones, se centran mucho más en la magia de la creación.

En el momento en que empiezas, te resulta fácil contemplar a tu heroína y encariñarte con ella que manifestar lo que sus creaciones han atraído. Enamorarte de la Vida y no del trabajo. En el momento en que empiezas a tener éxito, también resulta fácil esperar todo lo que este conlleva, sin embargo, como artistas y creadoras, esto supone para nosotras una rampa muy resbaladiza porque el listón seguirá siempre subiendo y bajando. Es posible que tu mejor trabajo sea rechazado e ignorado y que el peor sea celebrado, pero nada de ello debe importarte. Ligar a ello tu autoestima o tu percepción de éxito sería un gran error. Un error tremendo.

Debes, en cambio, presentarte y crear, porque para eso te pusieron en este planeta. Preséntate y crea porque amas el olor de la pintura. Preséntate y crea porque las páginas web simétricas hacen que te sientas más equilibrada. Preséntate y crea porque eso te enciende más que cualquier otra cosa. Preséntate y crea porque al compartir tu historia se calma tu locura interior.

Si haces cualquier cosa por el reconocimiento, la confirmación o la fama, la estás haciendo por un motivo equivocado: lo que está buscando confirmación es tu independencia, y esa es una sed que no puede saciarse jamás. Debes dejar de hacer lo que estés haciendo o encontrar una forma de reconfigurarlo.

Cada vez que te presentas para crear, te estás consagrando a algo más grande. Cada vez que creas, te conoces un poquito más a ti misma. Una llamada es algo que nos elige, y levantarte para responder a ella es un acto sagrado. No se trata de ti, tú no eres más que una nota en la canción del Universo. Puede que obtengas reconocimiento por hacer lo que debes hacer o quizá hayas sido llamada para hacerlo sin que te lo reconozcan. Ninguna de estas posibilidades es mejor que la otra, céntrate en tocar tu nota lo mejor que puedas y olvídate de cuántas personas están escuchando, cuántas creen que suenas bien y cuántas creen que suenas mal. Toca tu nota de todas maneras y deja que el aliento del Universo exhale a través de ti, pues de este modo descubrirás que dejarte ser cantada es suficiente recompensa; si no fuera así, intenta descubrir alguna otra cosa.

Encuentra una forma de inculcar vida a tus creaciones más valientes. Cuando sacas tus creaciones a la luz, corres el riesgo de ser juzgada, y cuanto mejor o más innovador sea el trabajo, más criticado será… por aquellos que no están preparados para él, que lo malinterpretan o que proyectan sus historias sobre él. Nada de eso está en tus manos, por tanto, si quieres tener éxito o simplemente ser una gran artista, prepárate para que te juzguen. Cuanto más éxito tengas, cuanto más exclusivas o valientes sean tus creaciones, más personas habrá que proyecten sobre ti sus historias, pero en realidad sus opiniones no tienen nada que ver contigo. Todo en la vida es subjetivo, y sobre todo algo tan intangible como el arte.

Cuando trabajaba en publicidad, estaba absolutamente centrada en el resultado de lo que mis jefes pensarían de mis creaciones. Presentaba una idea tras otra y me sentía devastada cuando me las rechazaban, cuando las arrugaban y las tiraban a la papelera delante de mí. Mi respuesta a un director creativo en concreto fue así hasta que al fin aprendí a distanciarme de su opinión y me centré en disfrutar del proceso de creación.

A las mejores maestras, y a las artistas, no les importa no gustar. Crean porque les entusiasma crear.

BRILLA, HERMANA, BRILLA

¿Qué creaciones sientes el impulso de hacer ahora mismo?

¿Por qué quieres hacerlas?

¿Quién es la persona cuya opinión te importa?

¿Qué resultado te importa?

NO CREAS A TU PROPIA RELACIONES PÚBLICAS

Ya estoy satisfecha conmigo misma, así que los halagos
y las críticas se van por el mismo desagüe y soy libre.
GEORGIA O'KEEFFE

«NO CREAS A TU PROPIA relaciones públicas». Eso fue lo que me dijo mi maestra Sonia al principio de mi carrera. Doy gracias a Dios por las buenas maestras que he tenido.

No dejes que la opinión que tenga de ti otra persona determine en ningún sentido la que tienes tú misma de ti. Si vinculas tu identidad y tu valía a lo que otros digan, sientan, hagan o piensen, te vas a dar un batacazo enorme. Y te garantizo que vas a acabar dándotelo, porque, si te apegas a las cosas buenas que dice de ti la gente, también lo harás a las cosas malas que digan.

Cuando empecé a hacer lecturas intuitivas, me importaba mucho que salieran realmente bien, hacerlas correctamente, conseguir un cambio considerable en mis clientes. Mi necesidad de confirmación me estaba impidiendo ser simplemente un canal claro, mi identidad como intuitiva estaba vinculada a las opiniones de otras personas, y ansiaba tanto ayudar a los demás que mi propia valoración dependía de lo que otros pensaran.

Al principio me fue muy bien porque las respuestas que recibía eran estupendas, leía los correos electrónicos con comentarios maravillosos y me sentía muy satisfecha de mi trabajo. Sin embargo, llegó un día, después de atender a más de cien clientes contentos, en el que apareció uno que no lo estuvo. Aquel resultó ser uno de mis mejores maestros: de un golpe barrió mi autoestima y la valoración que tenía de mí misma. Tuve que someterme a un desarraigo serio, pero al final encontré la forma de obtener en todo momento mi autoestima de mi interior.

Esto resulta extremadamente difícil en un mundo que se mueve por los «me gusta», los retuits, las comparaciones y los seguidores. ¿Cuántas veces coges el teléfono y te apresuras a ver cuántos reconocimientos te ha dado el mundo exterior? Se dice a menudo que la fama y la aprobación son las drogas más adictivas que existen.

Ahí afuera hay gente a la que le gustas y gente a la que no. Deja que todo ello no sea más que música de fondo para la voz que grita desde lo más profundo de tu ser. Cuanto más haces lo que estás llamada a hacer, más gente a la que no le gustas aparecerá. Si crees lo que te dicen tus admiradores, también creerás lo que dicen los que te critican; sin embargo, si extraes tu identidad de lo más profundo de tu ser, puedes limitarte a hacer el trabajo para el que te pusieron en este planeta.

BRILLA, HERMANA, BRILLA

¿Estás apegada a lo que la gente piensa de ti (bueno o malo)?

¿Cómo puedes extraer tu identidad de tu interior?

△

NO NECESITAS AHORRAR

Tu ALMA TE ESTÁ LLAMANDO a todas horas del día para que te levantes, pero, si no actúas a diario, todas esas llamadas serán inútiles. De hecho, si no actúas a diario, ¡resultan frustrantes! Si tienes la intención de escuchar las llamadas de tu alma, debes ACTUAR en consecuencia.

Somos, en líneas generales, seres espirituales de cinco dimensiones que estamos viviendo una experiencia humana tridimensional. Mediante nuestras intenciones y actos de hoy creamos nuestro mañana. Cuanto más en contacto con tu intuición estés, más fácil te resultará sintonizar con las posibilidades futuras que se están alineando contigo.

Un error muy común de las personas con una conciencia elevada es que, en el momento en que vemos el posible resultado —por ejemplo, en una relación, en un trabajo, en cuestiones de dinero, etc.—, dejamos de actuar porque creemos que, como ya hemos tenido la visión o la confirmación, nos va a llegar. Sin embargo, recibir una visión es realmente el *potencial* al que estamos accediendo, no la realidad tridimensional de la manifestación en acción. Y cuando no nos llega, nos frustramos y nos sentimos confusas porque estábamos absolutamente seguras de que íbamos a lograrlo, y así era, pero en el momento en que dimos por supuesto que estaba llegando, dejamos de actuar. Es decir, NOSOTRAS intuimos la manifestación (por ejemplo, un trabajo), pero, en cuanto lo hicimos, dejamos de hacer lo necesario para darle una forma física (mediante una acción diaria en contacto con la tierra).

Por muy «espirituales» o «intuitivas» que seamos, recuerda que, mientras llevemos puesto el traje humano, tenemos que seguir las normas tridimensionales. Por tanto, haz que tus sueños tomen tierra mediante la acción diaria, de ese modo te asegurarás de que los vives de verdad en lugar de limitarte a soñarlos.

A medida que te vas acercando a lo que deseas, lo que deseas se va acercando más a ti.

He conocido a muchos aspirantes a escritores, maestros y artistas que rezan para que les llegue una racha de buena suerte. Han tenido una visión, o un intuitivo les ha dicho que van a escribir un libro, y están esperando a que alguien sea su adalid de reluciente armadura y les abra las puertas y haga realidad las cosas para ellos, pero de este modo están colocando su poder en una fuerza externa en lugar de convertirse en una pareja energética de aquello que desean. Es más, a menudo se apegan tanto al resultado y a lo que este traerá consigo o dirá de ellos que eso les impide actuar para crearlo.

Tienes que dar los primeros pasos. Cada cosa que haces con devoción hacia lo que está surgiendo en ti te acerca un poco más a lo que deseas obtener. Puede que tu salvador sea un asesor financiero que haga avanzar tu carrera, un editor dispuesto a compartir tu voz o un agente con conexiones. No esperes la llegada de una fuerza externa para levantarte. Empieza a crear tú misma ya.

Si anhelas ser rescatada, estás entregando tu poder precisamente a aquello que estás intentando conseguir; estás afirmando muy claramente al Universo que tienes que ahorrar, y eso el Universo lo registra como que ESTÁS NECESITADA. Y eso significa que NO ESTÁS PREPARADA para recibirlo ni tenerlo en tu campo. Cuanto más tiempo permanezcas en este estado de necesidad y espera, más seguirás sin ser una pareja vibratoria para aquello que estás esperando.

Si hay algo que deseas, hazlo porque eso te ilumina y te destensa al hacerlo, pero no esperes al resultado final antes de plantearte la posibilidad de dar el siguiente paso. Si no sabes cómo llegar al lugar al que te diriges, empieza a construir tu puente. Tu alma está siempre llamándote, pero, sin acción diaria, esas llamadas seguirán siendo solo llamadas.

BRILLA, HERMANA, BRILLA

¿Hacia qué te está llamando tu alma en este momento?

¿Qué acción simple puedes realizar hoy para que tus sueños tomen tierra?

LOS TRABAJADORES DE LA LUZ TIENEN QUE TRABAJAR

¿Estás aquí para hacer el trabajo o solo quieres aparentar?

KYLE GRAY

SI NO ENCARNAS TU TRABAJO, la gente se da cuenta. Lo que atrae a la gente no son tus palabras, tus conceptos ni tus creaciones, ya sean una canción, un cuadro, una formación, una sanación o una presentación en una reunión, sino tu devoción hacia ellas.

Tu capacidad para sostener en tu campo ese mensaje, esa creación o esa vibración. Tu capacidad para encarnar de verdad y hacer lo que predicas.

Tu capacidad para trabajar la luz y no limitarte a venderla.

Cuando estás llamada a escribir, enseñar, crear o hablar, si dedicas la mayor parte de tu tiempo a comercializar lo que haces, no estás entendiendo el objetivo. Lo importante es que no corramos intentando ser la mayor y la mejor, porque de ese modo diluimos la pureza y la potencia de nuestra misión. La comercialización debe ser lo último, así que céntrate en tu devoción a la tarea. Si te centras en otra cosa, no encontrarás el trabajo exclusivo para ti ni la sabiduría ancestral que está esperando a que accedas a ella. No te conviertas en otra versión de lo que ya existe.

El mundo necesita más artistas, videntes, curanderas
y sanadoras, parteras, mujeres que sirvan de estímulo,
visionarias. No necesita más vendedoras. Necesita
más personas que trabajen su luz, no que
la utilicen para adornarse.

No te dejes arrastrar por los últimos modelos de ventas y las estrategias para enriquecerte rápido, pues lo más probable es que te pierdas a ti misma y pierdas también el respeto de tu audiencia hacia ellas. Los viejos modelos de ventas patriarcales se están disolviendo a toda velocidad. Debemos forjar nuestros propios sistemas y modelos y, como líderes femeninas, tenemos que hacerlo de una forma que surja de nuestra naturaleza femenina cíclica.

En un mundo de sobrecarga informativa, la gente es capaz de discernir si realmente encarnas lo que dices. Con el ingente aluvión de personas que utilizan internet, hay mucha energía dedicada a atrapar a la gente. Resulta agotador. Tantos «conceptos hábiles de ventas» que no son más que una regurgitación de lo mismo de siempre. Tanto ruido que no respeta la bandeja de entrada del correo de la gente como el lugar sagrado que es. Tanto plagio, como si fuese una carrera para fijar posiciones. Es agotador y nos enfría el alma, no contribuyas a ello.

Debemos convertirnos en deportistas olímpicas de la devoción. Guerreras de nuestro oficio. Sirvientes del servicio. Si quieres crear el trabajo de una vida y no de una estación, debes dedicarte a tu oficio, no a la comercialización. Vísteme despacio que tengo prisa. Haz tus creaciones con potencia valiente, intención clara, concentración inquebrantable y un propósito sagrado; de este modo, cuando llegue el momento de liberarlas al mundo, habrás reunido suficiente energía para que su propia luz pueda alimentarlas.

BRILLA, HERMANA, BRILLA

¿De qué modo estás siendo llamada para centrarte más en tu oficio?

¿Qué estás haciendo que ya no te resulta auténtico?

¿Qué debes hacer?

¿Cómo puedes aportar más potencia a tu trabajo?

$$\triangle$$

DEJA DE SEGUIR Y LIDERA

Sé una voz. No un eco.

<small>ALBERT EINSTEIN</small>

N<small>O INUNDES TU LISTA DE NOTICIAS</small>, o tu vida en realidad, con personas que te hagan sentir que no estás haciendo lo suficiente. Muchísimos de mis clientes tienen la sensación constante de estar siendo comparados o de compararse, de competencia, de falta de capacidad y de
que se les está agotando el tiempo.

Todo lo que compone nuestra vida, desde nuestras relaciones a
nuestro negocio, desde nuestros proyectos creativos a nuestras amista-
des, atraviesa las cuatro estaciones del año (*véase página 148*). No estamos diseñados para estar todo el año en verano. Todo es circular. Cuanto más intentes mantener las cosas siempre igual o estar a la altura de
alguna medida externa, menos alineada estarás y más te saldrás del flujo.

**Cuando otra persona está en primavera, es posible que tú estés
en invierno. Ambas estaciones son importantes e igual de
necesarias, no te niegues el tiempo y el alimento que precises
para vivir cada una de ellas.**

Mi cliente Alex dejó de seguir el 90 por ciento de los comentarios en
sus redes sociales tras comprobar que las actualizaciones interminables
de las cosas increíbles que estaban haciendo los demás le hacían sentir

poco capacitado y le impedían confiar en la estación en la que se encontraba. Muy pronto se creó un espacio extra en su interior que abrió el camino a una idea tan innovadora y potente que no habría podido tener si se hubiera mantenido siguiendo comba.

Por tanto, si algunas de las personas a las que sigues desencadenan en ti la sensación de que no estás haciendo lo suficiente o de que te estás quedando sin tiempo, deja de seguirlas con toda amabilidad. Cuanto menos consumamos, más potente y exclusivo será aquello que tenemos para compartir. Dejar de seguir puede ser un acto sagrado.

BRILLA, HERMANA, BRILLA

¿Qué persona a la que sigues te hace saltar?

¿Qué tipo de sentimientos desencadena en ti?

¿A quién te sientes guiada a dejar de seguir para poder liderar de una forma más eficaz?

△

NO MIRES ATRÁS

S I ESTÁS CONSTANTEMENTE MIRANDO a lo que otras personas hacen, dicen y piensan, no crearás nada significativo porque tu sentido de la autenticidad estará apagado y perderás la oportunidad de crear aquello que debes crear. Tu propósito es distinto del de cualquier otra persona, no es ser como otro, por tanto, quítate la presión.

Tu propósito es responder a las llamadas individuales que te hace tu alma cada día. Dejar que lo que se está cayendo, caiga. Dejar que lo que está surgiendo, surja. No importa lo mucho que te ilusione o te asuste, es así de sencillo.

Quizá fuera por la resolución terca de mis antepasadas, pero, cuando yo era joven, era una corredora de larga distancia muy buena. Mi estrategia era siempre empezar fuerte y ponerme en cabeza: se trataba de una combinación de deseos de ganar y de estar lejos de todos los demás, no soportaba correr encabezando el pelotón. En una carrera salimos de la espesura en la última marca de 800 metros y entramos en un campo grande donde el público nos vitoreaba hasta la meta. Yo sabía que la chica que iba segunda estaba detrás de mí porque oía a la gente gritar su nombre, pero cometí el error de mirar hacia atrás para ver dónde se encontraba. En el momento en que lo hice, sentí cómo el flujo natural de energía (Shakti) que me estaba impulsando empezaba a abandonarme; en ese momento perdí la carrera porque empecé a correr al ritmo de mi competidora, no al mío.

Y lo mismo sucede con el resto de la Vida. En mi trabajo sigo a muy pocos compañeros, porque, aunque apoyo su trabajo, no quiero saber lo que están haciendo, no quiero que su trabajo influya sobre el mío. Quiero crear lo que he venido a crear, no lo que el resto de la gente está haciendo ni perder mi propio ritmo. Estoy aquí para honrar la Shakti que está surgiendo en mí y para expresarla a través de mis creaciones y de la lente personal y exclusiva a través de la cual veo la Vida. Y eso es así para todo el mundo.

BRILLA, HERMANA, BRILLA

¿A quién miras detrás de ti?

¿Estás corriendo a tu propio ritmo o al de alguna otra persona?

¿QUÉ COMPONDRÍA EL MEJOR CAPÍTULO?

¿QUÉ COMPONDRÍA EL MEJOR CAPÍTULO? Esta pregunta me la planteo muy a menudo. Siempre que me siento asustada, atascada, cuando no estoy preparada para soltar, cuando me están llamando para levantarme, pero mi mente no consigue estar a la altura. Siempre que me susurra mi intuición. ¡Siempre que me GRITA mi intuición!

Toda persona tiene una vida digna de un libro. Cada día tenemos la oportunidad de escribir un nuevo capítulo, por tanto, la próxima vez que tengas que tomar una decisión, pregúntate cuál compondría el mejor capítulo: ¿quedarte en casa o emprender un peregrinaje que te cambiará la vida?, ¿decirle que quieres salir con él o esperar a que se dé cuenta de que existes?, ¿emprender tu propio negocio o quedarte en el trabajo que odias y que te embota la mente?, ¿pedirle disculpas a tu madre o fingir que jamás habéis discutido?

Tú eres la autora de tu historia y tu vida es el libro. Conviértelo en un éxito de ventas y salta, salta, salta.

BRILLA, HERMANA, BRILLA

¿Qué decisión tienes que tomar en este momento y te asusta hacerlo?

¿Cuál podría ser tu próximo capítulo?

△

RITUAL: PLANTA TUS ORACIONES

Q UE ENRAICEMOS LAS SEMILLAS de luz que albergamos en nuestro corazón. Que las anclemos a la tierra.

Abre una página nueva de tu diario o utiliza la parte inferior de esta para escribir las oraciones más profundas de tu corazón, tanto para ti como para el planeta: será una carta de amor a tu Madre Tierra adorada y al Padre Universo. A continuación, rásgala y siémbrala en la tierra con semillas imaginarias de luz (mejor aún, siémbrala con simiente de verdad).

Que todas tus oraciones sean sembradas y florezcan por siempre.

△

HAS SIDO LLAMADA

Nosotras somos a las que hemos estado esperando.

SABIDURÍA HOPI

EL MUNDO NECESITA MÁS soñadoras, artistas, pacificadoras y mujeres que despierten a los demás. Más transformadoras, creadoras, poetas y mujeres que recuerden. Más visionarias, sanadoras, chamanas y creyentes.

El mundo está preparado para contar con más mujeres empoderadas, seguras de sí mismas y potentes. Y con hombres que apoyen el despertar de Ella. Más mujeres que confíen sin titubeos en su intuición. Más mujeres que crean en su propia medicina y que la compartan libremente. Más mujeres que asuman su poder, que conozcan su valía y que no se atenúen en función de la persona que camine a su lado. Más mujeres que no tengan miedo de mostrar al mundo lo que realmente son, con independencia de lo magníficas o inconvenientes que sean. Más mujeres que no se sientan intimidadas por el éxito de otra persona. Más mujeres que reconozcan que todas pertenecemos al mismo equipo. Más mujeres que comprendan el verdadero significado de la hermandad de mujeres.

Mujeres sabias, mujeres salvajes, mujeres bulliciosas, mujeres intensas, mujeres idealistas, mujeres sacerdotisas, mujeres curanderas, mujeres sanadoras, mujeres obstinadas, mujeres expresivas, mujeres «demasiado», mujeres que no pidan perdón, mujeres compasivas, mujeres valientes, mujeres que animen, mujeres testarudas, mujeres con confianza en sí mismas, mujeres seguras de sí mismas, mujeres radiantes.

El mundo está suplicando más madres: de la tierra, de los desgraciados, de los desprotegidos, pero sobre todo de sí mismas. Más madres con independencia de los partos y los bebés.

Más caminantes en la naturaleza. Más nadadoras en el mar. Más puentes entre los mundos. Más hilanderas de tiempo y espacio. Más tejedoras de los susurros de los antiguos y de las preocupaciones de nuestros antecesores. Más ceremonias. Más ritual. Más verdad. Más significado.

Más mujeres que sepan —en sus huesos, en su corazón y en su alma— que *se puede* sanar este planeta maravilloso si nos sanamos primero a nosotras mismas. Más mujeres que recuerden que eligieron estar aquí en este momento. Más mujeres que encuentren el valor de brillar.

BRILLA, HERMANA, BRILLA

¿Cómo estás siendo llamada para brillar?

△

Ella era una líder del futuro.
Una protectora del pasado antiguo.

Una matrona de lo que estaba surgiendo.
Se aseguraba de que esta encarnación
no era la última para nosotras.

SER EL CAMBIO ANTES DE QUE
ESTE SEA LA NORMA

Vivir una vida plena de sentido no es un concurso de popularidad.
Si lo que dices siempre recibe un aplauso, probablemente
no estés todavía haciendo lo correcto.

MARIANNE WILLIAMSON

SER EL CAMBIO ANTES de que este sea la norma no resulta fácil. Las generadoras de cambio cambian las cosas, abren paso a posibilidades, dan entrada a formas nuevas de pensar, de hacer y de ser, alumbran lo nuevo.

La mayor parte de la gente se resiste a los cambios, porque los cambios asustan. Cambiar significa soltar, y soltar resulta doloroso, probablemente lo sepas mejor que la mayoría.

Cuando te encuentras delante de aquellos que no te comprenden, que te cuestionan, que no están preparados para el mensaje que traes… ¡ESTUPENDO! Porque eso es una señal clara de que encaras la dirección correcta. Recuerda que no es tarea nuestra cambiar a nadie, solo debes cambiarte a ti misma.

Pero no pierdas la fe ni te cuestiones a ti misma ni a tus creencias, porque la fe es nuestra mejor arma. Fe en que, cuando nosotras nos levantemos, otras lo harán también. Fe en que, al sanarnos a nosotras mismas, estaremos también sanando al mundo que nos rodea.

Fe en que nunca es demasiado tarde. Fe en que una vida puede marcar la diferencia. Fe en que jamás hacemos este trabajo solas. Fe en que podemos crear el cielo aquí en la tierra.

Me inclino ante tu disposición para levantarte en este momento. Beso el camino que tienes ante ti. Hacen falta valor y agallas para hacer saltar los grilletes que en su momento te mantuvieron cautiva a ti, a nosotras, a ella y, sin lugar a dudas, a él. Porque hemos llegado a conocer con certeza nuestro confinamiento. Esta nueva libertad puede traer aparejados cambios nuevos, si lo hace, y cuando lo haga, estate segura de que en todos y cada uno de los momentos esa fuerza misteriosa que te llamó te está acunando, amando, apoyando.

Que cada nuevo paso que demos cada una de nosotras sea un paso andado por Ella.

Porque...

Solas somos fuertes. Pero juntas somos feroces.

△

LA INICIACIÓN

Con placer regresamos para ofrecer esta iniciación.
Aquella que todas hemos ansiado. Y aquella que
quizá recuerdes de un pasado muy remoto.

Llevamos muchísimo tiempo viajando solas.
Pero ahora, al fin, tú, nosotras y ella hemos regresado.

Te damos la bienvenida a nuestra hermandad de mujeres. Místicas,
sanadoras,
curanderas, guardianas de la tierra, poetas, cuentacuentos,
sanadoras, brujas, sacerdotisas de tiempos pretéritos, reunidas ahora
en este momento sagrado para alumbrar una vez más su despertar.

Gracias por regresar y por estar aquí en este tiempo.
Gracias por hacer el trabajo.

No importa lo que haya sucedido ni el dolor que se haya
producido. Lo único que importa es que tú, nosotras y ella hemos
regresado.

Es el momento, querida, de dar un paso al frente y reclamar tu trono.
Te vemos. Te reconocemos. Te recordamos.
Deseamos que quedes desatada, desatada, por siempre desatada.

Todos los secretos ancestrales son susurrados por siempre en tus oídos.
Todo el conocimiento místico florece en tu corazón.

Todo el magnífico poder bombea por tus venas.
Toda la abundancia rebulle eterna en el manantial de tu seno.

Te invitamos a que entres en tu sabiduría ancestral. Que seas sostenida
por los recuerdos y los hilos rojos de Avalon,
Lemuria, Isis, los esenios, la Madre Dios y los linajes de las Magdalenas.

Que camines erguida con el apoyo de aquellas que
te precedieron y las que vendrán de nuevo.
Que desates todo tu poder potente sin vacilación.
Que bailes libre y sin restricciones en el recipiente sagrado de tu cuerpo.

Que te deleites en tu capacidad sin esfuerzo de dar vida y crear.
Que honres los ritmos naturales de tu cuerpo y del planeta en su
conjunto.
Que rellenes tu pozo interior para que contenga
más que suficiente para todas.
Que protejas a la Gran Madre y muestres a otras
que el cielo es un lugar en la tierra.

Cuando realices este trabajo sagrado de lo femenino, sé consciente de
que jamás
estarás sola. Porque cada paso que das en tu resurgir también lo das por
ella.

Que sientas siempre el apoyo de tus hermanas, aquellas
que te precedieron y las que están despertando junto a ti.

Brilla, hermana, brilla.

Honramos hoy a la mujer poderosa, sabia, compasiva e
intensa que has venido ser. Y a la
medicina única que has venido compartir.

Besamos la tierra que tienes ante ti cuando accedes a tu potencia
como mujer sabia, salvaje y sacerdotisa de lo alto.

Las aguas que tienes ante ti pueden no ser tranquilas para surcarlas, el
camino del despertar en tiempos de cambio nunca lo es.

Cuando los mares se tornen tempestuosos, sé consciente de que la Vida
en su conjunto está trabajando contigo, no contra ti, y que tienes en tu
interior
todo aquello que necesitas para capear cualquier ola, viento o tormenta.

No importa lo oscuro que se ponga, nunca dejes
de ver la luz sembrada en el interior de todo.

Y, por encima de todo, que oigas por siempre su susurro:

Brilla, hermana, brilla.

△

BRILLA, HERMANA, BRILLA

Cuando tus planes y estrategias y tus esperanzas
y sueños te rueguen que los dejes ir.

Brilla, hermana, brilla.

Cuando la vida que has creado
con tanta consciencia se derrumbe.

Brilla, hermana, brilla.

Cuando tu alma se sienta pesada y tu corazón se haya partido en dos.

Brilla, hermana, brilla.

Cuando hayas dado lo mejor de ti y no haya sido suficiente.

Brilla, hermana, brilla.

Cuando hayas sido vencida y derrotada
y te sientas muy lejos de casa.

Brilla, hermana, brilla.

Cuando te encuentres hecha un millón de pedazos
sin saber en absoluto dónde va cada uno de ellos.

Brilla, hermana, brilla.

Cuando hayas amado y perdido. Y luego vuelto a perder.

Brilla, hermana, brilla.

Cuando te hayan cortado las alas y tu espíritu esté desalentado
y lo único que oigas sea un susurro.

Brilla, hermana, brilla.

Cuando finalmente ruegues clemencia en tu llamada,
pero no tengas ni idea de por dónde empezar.

Brilla, hermana, brilla.

Brilla por ti. Y brilla por mí.
Porque, cuando brillas por primera vez,
haces que el camino sea más brillante para ella.

Δ

Brilla por ti. Y brilla por mí.
Porque, cuando brillas por primera vez,
haces que el camino sea más brillante para ella.

SIGUE BRILLANDO

Gracias por hacer este trabajo y compartir estas páginas conmigo. Me sentiría muy honrada de que siguiéramos trabajando juntas.

Brilla, hermana, brilla: únete a la hermandad
Únete a la hermandad de Brilla, Hermana, Brilla (Rise Sister Rise Sisterhood), en la que recibirás meditaciones mensuales y acceso al círculo privado de Facebook, que está lleno de hermanas que se están levantando. Apúntate en www.risesisterrise.com.

Cursos por internet
Si te ha gustado este libro y quieres profundizar más, consulta mis cursos por internet en www.rebeccacampbell.me/courses.

Brilla, hermana, brilla: círculo, eventos y retiros
Para descubrir los próximos círculos, eventos y retiros, visita la página web www.rebeccacampbell.me/events.

Apúntate a la lista de correo
Recibe enseñanzas gratuitas y regalos apuntándote a mi boletín en www.rebeccacampbell.me/signup.

Mantente en contacto
www.rebeccacampbell.me
Facebook: rebeccathoughts
Instagram: @rebeccathoughts
Twitter: @rebeccathoughts

AGRADECIMIENTOS

A MI MARIDO, CRAIG. Gracias por tu apoyo, tu estímulo, tu consideración, tu confianza, tu consciencia y tu profundo respeto por lo femenino. Casarme contigo me ha permitido elevarme desde un suelo muy sólido. Te amo y te respeto profundamente.

A Amy Kiberd, gracias por ayudarme a traer al mundo a esta mujer salvaje y por ser una partera maravillosa en cada paso del camino. Es para mí una bendición tenerte en mi vida, como amiga y como editora. Estoy convencida de que lo organizamos hace ya mucho tiempo.

A mi madre, Julie, y a mi padre, Trevor, por darme tanto espacio y estímulo para surgir. Sois las personas más cariñosas, generosas y acogedoras que conozco.

A todas las hermanas Magdalenas de la vida real con las que me reuní durante la escritura de este libro. En particular, pero no solo, a Meggan Watterson y Madeline Giles. Vuestra presencia germinó semillas que habían sido plantadas hace muchísimo tiempo.

A mi primera mujer sabia, Angela Wood, cuyo conocimiento casual hace ya tantos años inició mi camino espiritual. Estoy ansiosa por ver cómo continúa nuestra relación ahora que estás en un reino diferente.

A la Hermandad Espiritual de Mujeres (Amy Kiberd, Hollie Holden y Lisa Lister). Estoy contentísima de que decidiéramos reunirnos y hacer todos los rituales juntas en este momento. Vuestra amistad me rejuvenece y nuestro círculo es una posesión sumamente revitalizante y anhelada en mi vida.

A mi mentora, Sonia Choquette, por enseñarme a ser profesora, a dejar atrás identidades viejas y a liderar desde lo femenino.

A Sheila Dickson y Amy Firth por vuestra amistad a lo largo de los años.

Al equipo de Hay House UK (Michelle Pilley, Jo Burguess, Diane Hill, Amy Kiberd, Ruth Tewkesbury, Julie Oughton, Leanne Siu Anastasi, Tom Cole, Alexandra Gruebler, George Lizos, Rachel Dodson, Polina Norina y Sandy Draper), gracias por dar un hogar a mi voz, por respetar mis tendencias perfeccionistas y por ofrecerme tantas oportunidades para compartir mi trabajo con el mundo.

Al equipo de Hay House Australia (en particular, a Leon Nacson y Rosie Barry), gracias por apoyar mi trabajo allí en casa. Es una delicia trabajar con vosotros.

Al equipo de Hay House USA (en particular, a Reid Tracy y Kate Riley), gracias por dar alas a mi trabajo.

A mis vicarios apostólicos Michelle Hebbard y Linsey Cowan, por vuestro apoyo tan fundamentado y por dirigir el negocio como si fuese una máquina de relojería.

A las Magdalenas, al Consejo de la Luz, a las guías y a la Madre Tierra, gracias por vuestros interminables susurros y por utilizarme como recipiente para este mensaje y este trabajo.

A los delfines y las ballenas de Tenerife (y a Winny y Kees Van de Velden y Hollie y Robert Holden), gracias por recordarme que el cielo es un lugar sobre la tierra.

A Ahlea Khadro por ayudarme a aceptar mi humanidad.

A Kyle Gray por ser mi colega de Hay House; es increíble haber hecho este trabajo juntas otra vez.

Al masculino divino de mi vida que adora al femenino y a su trabajo sagrado.

Y por último, gracias a ti, querida lectora. A ti es a quien estoy más agradecida. Gracias por escuchar mi llamada. Que oigas siempre el cántico sagrado que te anima a brillar, hermana, brillar.

Con amor.

ACERCA DE LA AUTORA

Rebecca Campbell es escritora, maestra espiritual, mentora espiritual y una guía devocional con mucha alma.

Es la autora del libro *Trabaja tu luz* y ha guiado a miles de personas de todo el mundo a escuchar y responder con valor a las llamadas únicas de su alma y a crear una vida completamente alineada con ellas. Es cocreadora de The Spirited Project e imparte clases en todo el mundo para ayudar a la gente a conectarse con su intuición, a traer al mundo las creaciones que están surgiendo en ellos y a encender el mundo con su presencia… A servir al mundo siendo ellos mismos.

Famosa por su liderazgo femenino, su devoción y su servicio espiritual, ha sido galardonada con los premios Best Emerging Voice, de *Kindred Spirit*, Promising New Talent, del Mind Body Spirit Festival, y Top 100 Women of Spirit, de los Brahama Kumaris. Ha aparecido en publicaciones como *Elle, Red Magazine, Cosmopolitan*, la revista de *The Sunday Times Style* y *Psychologies* y en mindbodygreen.com.

Antes de dedicarse a escribir libros, se forjó una carrera de éxito y ganó premios como directora creativa de publicidad y ayudó a algunas de las marcas más importantes del mundo a encontrar su auténtica voz.

Nació en las soleadas costas de Sídney (Australia) y en la actualidad reside en Londres con su marido y su perrita Shakti, pero la puedes encontrar en su tierra natal casi todos los veranos para reponerse con el agua salada y el sol.

rebeccathoughts   @rebeccathoughts

www.rebeccacampbell.me

En esta misma editorial

TRABAJA TU LUZ

Libro y cartas oráculo

REBECCA CAMPBELL Y DANIELLE NOEL

Este libro y sus 44 cartas oráculo han sido creados para ayudarte a iluminar el mundo con tu presencia. Al trabajar con los cinco palos de la baraja y conectarte con tu intuición, aprenderás a alinearte con quien realmente eres.

MENSAJES DEL ESPÍRITU

El extraordinario poder de los oráculos, los presagios y las señales

COLETTE BARON-REID

La reconocida consejera intuitiva Colette Baron-Reid desvela ancestrales métodos de conexión con la divinidad y propone divertidas técnicas mágicas que permiten dialogar con el Espíritu en un contexto moderno. De su mano te embarcarás en un viaje misterioso e iluminador que cambiará tu visión del mundo, despertará tu curiosidad y te animará a entablar una conversación personal con lo Divino.

ORÁCULO DE LA SABIDURÍA

Para tomar decisiones en la vida.
Libro y 52 cartas adivinatorias

COLETTE BARON-REID

El libro que acompaña esta baraja te permitirá interpretar los mensajes de sus 52 cartas, conocer todos los aspectos de tu viaje personal y descifrar el verdadero significado de tu vida y el sentido de todo lo que te sucede.

El oráculo está esperando a que lo consultes para ofrecerte sus respuestas e indicarte el camino hacia la paz, la prosperidad y el amor.